Cosima Bellersen Quirini

77 FRAUEN SPUREN

SPANNENDE LEBENSWEGE Geschichte wurde lange Zeit ohne Frauen geschrieben. Doch welche Möglichkeiten gab es für sie, sich trotzdem bemerkbar zu machen und aus dem eng gefassten Gefüge herauszutreten? Der vorliegende Band gibt Einblick in das Leben von 77 Frauen, die auf dem Gebiet des heutigen Bundeslandes Niedersachsen gelebt und gearbeitet haben. Sie alle haben sich mit ihren Ideen, Begabungen und Überzeugungen, ihrer Tatkraft und ihrem Mut in einer Zeit hervorgetan, in der dies meist kaum möglich war. Doch ihr Tun wirkt teils bis in die heutige Zeit nach.

Viele ihrer Namen kennt man aus der Geschichte, doch ebenso viele auch nicht - einerlei, ob sie das deutsche Krankenpflegewesen begründeten, als Künstlerinnen, Politikerinnen, Wissenschaftlerinnen oder Unternehmerinnen tätig waren, tatkräftig die Mädchenbildung förderten, als Mäzeninnen oder Frauenrechtlerinnen ihre Energie einsetzten, ungewöhnliche Bundestagsgeschichte schrieben, heimlich als Mann verkleidet in Kriege zogen, US-Kolonien gegründet oder eine Kurzschrift erfunden haben.

Ihnen allen, wie zahlreichen weiteren Frauen, gebührt endlich ein fester Platz in der historischen Darstellung – und zwar ganz ebenbürtig direkt neben den Männern.

© privat

Cosima Bellersen Quirini lebt seit über 30 Jahren in der niedersächsischen Residenzstadt Celle, zu der sie bereits einige Titel herausgegeben hat. Die ausgebildete Buchhändlerin, Mediatorin und Gästeführerin arbeitet seit vielen Jahren überwiegend als freiberufliche Autorin und Dozentin. Seit 2016 studiert sie zudem die Fächer Kulturanthropologie, europäische Ethnologie und Geschichte.

Cosima Bellersen Quirini

77 FRAUEN SPUREN

IN NIEDER SACHSEN

Ausgewählt durch Claudia Senghaas

Immer informiert

Spannung pur – mit unserem Newsletter informieren wir Sie
regelmäßig über Wissenswertes aus unserer Bücherwelt.

Gefällt mir!

Facebook: @Gmeiner.Verlag
Instagram: @gmeinerverlag
Twitter: @GmeinerVerlag

MIX
Papier aus verantwor-
tungsvollen Quellen
FSC® C014496

Besuchen Sie uns im Internet:
www.gmeiner-verlag.de

© 2020 – Gmeiner-Verlag GmbH
Im Ehnried 5, 88605 Meßkirch
Telefon 0 75 75 / 20 95 - 0
info@gmeiner-verlag.de
Alle Rechte vorbehalten
1. Auflage 2020

Lektorat: Claudia Senghaas, Kirchardt
Herstellung: Julia Franze
Umschlaggestaltung: U.O.R.G. Lutz Eberle, Stuttgart
unter Verwendung eines Fotos von: © ullstein bild - ullstein bild
Druck: GGP Media GmbH, Pößneck
Printed in Germany
ISBN 978-3-8392-2604-9

Für meine Töchter

Liebe Leserin, lieber Leser,

Leben und Wirken von Frauen in der Geschichte gehören zu unserem kulturellen Erbe. Frauengeschichte und Frauenkultur müssen jedoch in der Erinnerungskultur in unseren Städten und Regionen und nicht zuletzt im Land noch fester verankert werden. Ausgehend von dieser kultur- und frauenpolitischen Überzeugung hat der Landesfrauenrat Niedersachsen e.V. 2008 die Initiative frauenORTE Niedersachsen ins Leben gerufen.

Hierbei werden erstmals Stadt-, Regional- und Landesgeschichte aus der Perspektive historischer Frauenpersönlichkeiten betrachtet. Erzählt wird von ihren Leistungen, die sie auf politischem, kulturellem, sozialem, wirtschaftlichem und/oder wissenschaftlichem Gebiet vollbracht haben. Darüber hinaus wird beleuchtet, wie dieses Wirken die Kultur-, Sozial- und Landesgeschichte nachhaltig beeinflusste.

Wir freuen uns sehr, dass sich Cosima Bellersen Quirini zusammen mit dem Gemeiner Verlag auf Spurensuche begeben hat. Gern haben wir die Autorin und den Verlag in ihren Bemühungen unterstützt, ein breites Spektrum interessanter Frauenpersönlichkeiten in diesem Buch zu präsentieren. 27 der dargestellten Frauen werden im Rahmen unserer Initiative gewürdigt, die aktuell an 42 Standorten in Niedersachsen sichtbar wird.

Weitere Informationen unter www.frauenorte-niedersachsen.de

Ich wünsche Ihnen viel Freude und neue Erkenntnisse beim Lesen.

Marion Övermöhle-Mühlbach
Vorsitzende des Landesfrauenrates Niedersachsen e. V.

Geschichte wurde lange Zeit ohne Frauen geschrieben, die als Gestalterinnen der Gesellschaft Jahrhunderte lang nur wenig Beachtung fanden und somit für eine zeitgenössische Erfassung und Dokumentationen kaum existent waren. Gewiss, einige fanden Erwähnung, doch es war vor allem Männern vorbehalten, »die Welt zu bewegen und Geschichte zu schreiben« und damit auch in die historischen Darstellungen einzugehen. Etwa 50 Prozent der Menschheit waren stets – und sind noch immer – Frauen. Nur von der weiblichen Hälfte der Bevölkerung wissen wir heute noch viel zu wenig. Wie lebten die Frauen und Mädchen? Wie sah ihr Alltag aus? Welche Möglichkeiten hatten sie, sich bemerkbar zu machen?

In neuerer Zeit rücken vermehrt weibliche Biografien in den wissenschaftlichen Fokus und bilden ein spannendes Forschungsfeld, welches den Themen Frauengeschichte und Frauenkultur ein neues Bewusstsein verschafft. Zu den Frauen, die einst auf zahlreichen Gebieten von sich reden machten, muss das Wissen um ihr Wirken geschärft werden und das Kapitel um ihr Tun, ihre Ideen und Ideale, für die sie seit Jahrhunderten einstehen und unermüdlich kämpfen, immer wieder aufgeschlagen, in den Vordergrund gerückt und neu geschrieben werden, damit nichts davon verloren geht.

So soll der vorliegende Band mit 77 biografischen Texten einen Blick auf einige jener Frauen auf dem Gebiet des heutigen Bundeslandes Niedersachsen werfen, die sich in einer Zeit hervorgetan haben, in der dieses kaum möglich war, und die trotzdem aus ihrem eng gefassten Gefüge heraustraten.

Ihnen, wie vielen weiteren Frauen, gebührt ein großer Platz in der literarischen wie historischen Darstellung – und zwar ganz ebenbürtig direkt neben den Männern.

Celle, im Juni 2019
Cosima Bellersen Quirini

Die Autorin und der Verlag danken der Initiative »frauenORTE Niedersachsen« für die Unterstützung dieses Buchprojektes.

Inhalt

Adolphine Luise Cooper

Hildesheim

Der evangelische Missionsdienst gilt heute als vergleichsweise fortschrittliche Einrichtung in Sachen Unabhängigkeit für Frauen im 19. Jahrhundert. Hier war es teilweise möglich, ein Betätigungsfeld zu finden, das Frauen ein gewisses Maß an Selbstständigkeit, Freiheit und eigenes Einkommen sicherte. Einer dieser Vereine war auch der 1850 in Berlin gegründete »Frauenverein für China«, welcher es sich zur Aufgabe gemacht hatte, chinesischen Mädchen ein Heim und auch eine Ausbildungsmöglichkeit zu geben.

Die Pastorentochter Adolphine Luise Cooper, genannt Luise und im April 1849 als älterer Zwilling in Oppeln bei Neuhaus (Oste) geboren, hatte nicht nur den Wunsch nach Unabhängigkeit, sondern auch »ein herzliches Verlangen, dem Herrn unter den Heiden zu dienen«. Der Verein bot ihr beides – und so wurde die tiefgläubige Luise, bei der nicht nur die väterliche Toleranz, Herzenswärme, Streitbarkeit und Frömmigkeit, sondern auch das unruhige, weltoffene Wesen ihres englischen Großvaters, der einst als Arzt und Kaufmann viel gereist war, durchschlug, im nicht mehr ganz jungen Alter von 35 Jahren – vermutlich vorweg im Henriettenstift Hannover zur Diakonisse ausgebildet – im April 1884, als ihr Vater verstorben war, als Missionsschwester in das Findelhaus Bethesda nach Hongkong entsandt. Mit Mut, Selbstvertrauen und Durchsetzungsvermögen kümmerte sie sich dort um blinde chinesische Mädchen, denen wegen ihrer Behinderung je nach Alter Tötung, Aussetzung, Ausstoßung, Verkauf, Prostitution oder Sklaverei drohte. Doch nach nur zwei Jahren war der Traum wieder vorbei: Luise, die bereits als Kind recht kränklich war (ihre Zwillingsschwester starb schon mit fünf Jahren), musste schweren Herzens in die deutsche Heimat zurückkehren, um ihr schweres Magenleiden zu kurieren. Mit ihrer Mutter und ihren Schwestern zog sie nach Hildesheim.

Der Wunsch zu helfen blieb. Luise Cooper gründete aus der Ferne ein Asyl für blinde Chinesinnen und im Jahr darauf in Hildesheim den Frauenmissionsverein, der mit der Fertigung und dem Verkauf von Handarbeiten die Arbeit in Asien unterstützte. Sie blieb bis zum Jahr 1926 Vorsteherin der Einrichtung. Zudem hielt sie Vorträge und veröffentlichte Texte, um auf das Los der Mädchen aufmerksam zu machen. Sie verstarb mit 82 Jahren im Dezember 1931 in Hildesheim. Die Hildesheimer Blindenmission besteht bis heute und betreibt die von ihr einst ins Leben gerufenen Blindenausbildungswerke sowie augenärztliche Dienste in China, Hongkong, Taiwan, Indonesien, Myanmar und auf den Philippinen. Eine Straße in ihrer Wahlheimat Hildesheim ist nach ihr benannt.

Agnes Karll

Embsen

» **K**rankenpflege ist eine Kunst, die wie jede andere vor allen Dingen eine Reihe angeborener Eigenschaften und Anlagen bedingt, ohne die auch die beste technische Schulung keinen Wert hat.« Das sind auch heute noch bedeutsame Worte einer zielstrebigen und mutigen Frau, die ihr Leben den Kranken widmete und als große Reformerin und Begründerin der modernen Krankenpflege gilt. Das Motto von Agnes Karll, im März 1868 in Embsen geboren, lautete: Per aspera ad astra – auf rauen Wegen zu den Sternen. Doch es forderte einige Umwege, bis sie den richtigen Pfad zu ihren ganz persönlichen Sternen fand.

In dem kleinen Ort, südlich von Lüneburg gelegen, verbrachte Agnes Karll ihre Kindheit und Jugend, bis sie mit der Idee, Lehrerin zu werden, nach Schwerin ging. Für die Lehrerinnenprüfung noch nicht alt genug, entschied sich die junge Niedersächsin daraufhin für eine Ausbildung zur Erzieherin und Privatlehrerin. Doch bald dämmerte es Agnes: Das Lehren war nichts für sie. Sie ging nach Hannover, absolvierte eine Ausbildung zur Krankenpflegerin und arbeitete danach in Göttingen und Berlin. Zeitweise war sie auch in Amerika unterwegs, wo sie sich über die dort übliche Art der Krankenpflege informierte. Fortan sollte sie zahlreiche internationale Kontakte pflegen. In jener Zeit begann sie auch damit, sich vermehrt berufspolitisch zu engagieren. Im Januar 1903 gründete Agnes Karll die »Berufsorganisation der Krankenpflegerinnen Deutschlands sowie der Säuglings- und Wohlfahrtspflegerinnen«, heute »Deutscher Berufsverband für Pflegeberufe«. Aus zunächst 30 Mitgliedern bestehend, erfuhr der Verband mit dem Lazaruskreuz im Logo rasch Zuwachs – nur ein Jahr später konnten bereits 300 Mitglieder gezählt werden, 1926 waren schon 3.200 verzeichnet. Damals war das Berufsbild der Krankenschwester kaum umrissen, es fehlte eine geordnete Ausbildung ebenso wie geregelte Arbeitszeiten, eine tarifliche Vergütung und Altersrente. Agnes Karll schuf hier umfassend Abhilfe. Wenige Jahre später wurde sie in London zur Präsidentin des Weltbundes der Krankenpflegerinnen und zum Ehrenmitglied der Oberinnen-Vereinigung in Großbritannien und Irland berufen, 1913 war sie eine der ersten Frauen, die als Dozentin an der Leipziger Frauenhochschule tätig sein durfte, 1926 leitete sie einen nationalen Kongress zur Krankenpflege in Düsseldorf. Sie schrieb zudem Teilkapitel zu dem umfassenden Lehrbuch »Geschichte der Krankenpflege«.

Agnes Karll starb 1927 mit 58 Jahren. Am Geburtshaus in Embsen erinnert heute eine kleine, unscheinbare Gedenktafel an die »deutsche Florence Nightingale, nach der in Deutschland heute einige Kliniken, Institutionen und Straßen benannt sind.

Agnes und Leonie Meyerhof

Hildesheim

Die eine erwarb sich einen Namen als Bildhauerin und Malerin, die andere schrieb unter einem Pseudonym und erreichte damit große literarische Geltung. Die Rede ist von den Schwestern Agnes und Leonie Meyerhof aus Hildesheim, die durch ihre jeweilige Kunst Berühmtheit erfuhren.

Agnes Meyerhof kam 1856 als Kind der Kaufmannsfamilie Magnus und Carolina Meyerhof, geborene Schwabe, zur Welt. Sie besuchte eine Höhere-Töchter-Schule und, angeregt durch die Mutter, erhielt das Mädchen bereits in recht frühen Jahren Zeichenunterricht. Einer ihrer Lehrer vor Ort war der Bildhauer Friedrich Küsthardt. Ihr Weg führte sie zur weiteren künstlerischen Ausbildung nach Frankfurt am Main, die Stadt, die ihr fortan Lebensmittelpunkt bleiben sollte. Hier arbeitete Agnes jahrzehntelang als Kunstmalerin. Sie liebte besonders Tier- und Pflanzenmotive. Einige ihrer Werke sind heute im Frankfurter Städel-Museum zu finden. Als Jüdin wurde Agnes Meyerhof vom NS-Schicksal nicht verschont. 86-jährig wurde sie am 19. August 1942 von Frankfurt Richtung Theresienstadt deportiert und verstarb nur drei Tage später.

Leonie war das jüngste der fünf Meyerhof-Kinder und kam 1860 zur Welt. Sie besuchte ebenfalls die Töchter-Schule und erhielt früh Zeichenunterricht, dichtete als Kind schon eigene kleine Verse und interessierte sich für Philosophie, Kunst- und Literaturgeschichte. Nach dem

Tod ihrer Mutter verzog sie, zusammen mit dem Vater, zunächst nach Frankfurt am Main, wo neben Agnes auch die älteste Schwester lebte. Nach dem Tod des Vaters verlegte Leonie zwischenzeitlich ihren Wohnsitz nach München und Berlin, bis sie an den Main zurückkehrte. Sie war als Schriftstellerin, Bühnenautorin, Literaturkritikerin – unter anderem bei der »Frankfurter Allgemeinen« – und Frauenrechtlerin tätig. Dabei hinterfragte sie, teils unter dem Pseudonym Leo Hildeck, in ihren Texten auf humorvolle Weise das tradierte Frauenbild – was ihr einen großen Leserkreis bescherte. Bekannt wurde sie mit ihrem Lustspiel »Sie hat Talent«. Es folgten unter anderem Novellen, Zeitungskritiken und schließlich der Roman »Töchter der Zeit« (1903) sowie das »Frauenbrevier für männerfeindliche Stunden« (1907), welches sich besonders gut verkaufte. Große Beachtung erfuhr zur damaligen Zeit Meyerhofs Werk »Frauenschicksale«, worin diese Stellung für eine neue Sexualethik bezieht, weswegen ein großer Diskurs über den damals neu gegründeten »Bund für Mutterschutz« ins Rollen kam.

Das Schicksal ihrer Schwester blieb Leonie Meyerhof erspart. Sie verstarb bereits im August 1933 in Frankfurt. Die Stadt Hildesheim erinnert heute mit dem Leonie-Meyerhof-Ring an die vielseitige Tochter ihrer Stadt.

Agnes von Dincklage

Obernkirchen

So manche adlige Frau gilt heutzutage als Pionierin in Sachen Frauenbildung, so auch Agnes Freiin von Dincklage, die mehr als drei Jahrzehnte lang die Leiterin der Landfrauenschule in Obernkirchen nahe Bückeburg innehatte und das ländliche Bildungssystem für Frauen maßgeblich mitgeprägt hat. Sie führte die Schule durch unstete und teils schwierige Zeiten wie etwa die Wirtschaftskrise oder den Nationalsozialismus bis 1944, als die Schule geschlossen wurde. Im Oktober 1945 wurde diese wieder geöffnet und 1971 endgültig geschlossen. Unter Agnes' Ägide entwickelte sich die Anstalt zu einer Fachschule mit allerbestem Ruf. Ihr Renommee erreichte viele berühmte Familien, und so gingen einige junge Frauen mit klangvollem Namen bei ihr ein und aus, etwa Prinzessin Friederike Luise von Hannover, die spätere griechische Königin, die Stieftöchter des deutschen Kaisers Wilhelm II. oder die Enkelin des berühmten Musikers Richard Wagner.

Agnes von Dincklage entstammt dem westfälischen Uradel und wurde im Mai 1882 in Lingen an der Ems in eine kinderreiche Familie hineingeboren. Mit Privilegien wie Titel, Namen und Bildung ausgestattet, galt ihr eine wohlsituierte Zukunft als Gutsfrau sicher, doch es sollte anders kommen: Agnes entschied sich im Alter von 26 Jahren, ihrer älteren Schwester Therese in ein Damenstift zu folgen. Hier zeigten sich bald ihre außerordentlichen Fähigkeiten und sie wurde mit wichtigen Ämtern betraut. 1918 übernahm sie die Leitung der dem Stift angegliederten Landfrauenschule im Dienste des Reifensteiner Verbandes, in jenen Zeiten einer der größten Schulträger privater Mädchen- und Frauenbildungsstätten. Das Symbol der Schule bildete ein Mistelzweig. Die Mädchen nannten sich MAIDen – die Buchstaben standen für Mut, Ausdauer, Idealismus und Demut. Sie wurden unter anderem in Backen, Kochen und Einmachen, Nutztierhaltung, Wäschepflege, Kinder- und Säuglingspflege, aber auch in Wohlfahrt, Rechts- und Wirtschaftskunde unterrichtet.

Von ihren »Maiden« wurde Agnes von Dincklage liebevoll als Tante Lilly tituliert. Sie galt als Seele des Hauses und Mitte der Gemeinschaft in Obernkirchen. Bei ihrem Abschied 1949 hieß es, »sie regierte königlich und diente demütig«. Mit ihrer christlichen Nächstenliebe und ihrem innovativen Denken, mit außerschulischen Aktivitäten wie Wandern und Singen, mit Charakterstärke und politischem Rückgrat hat sie der Schule eine ganz besondere Prägung gegeben.

Agnes Freiin von Dincklage verstarb im Sommer 1962 mit 80 Jahren. Nicht umsonst ist heute auf einer Gedenktafel ihr zu Ehren im Innenhof des Klosters das Zitat »Ich will dich segnen und du sollst ein Segen sein« zu lesen.

Anna Amalia von Braunschweig-Wolfenbüttel

Wolfenbüttel

Mit dem Namen Anna Amalia verbindet man vor allem die berühmte Bibliothek in Weimar, doch die Namensgeberin derselben ist ein Spross aus dem Hause Braunschweig-Wolfenbüttel und somit eine waschechte Welfenprinzessin und Niedersächsin. Sie wurde im Oktober 1739 als fünftes der insgesamt 13 Kinder von Herzog Karl I. von Braunschweig-Wolfenbüttel und seiner Gemahlin Philippine Charlotte von Preußen geboren und erhielt eine ihrem Stand sehr angemessene Ausbildung nicht nur in Politik, Geografie, Sprachen und Religion, sondern auch in Musizieren, Malerei und Tanz. Mit 16 Jahren wurde Anna Amalia mit dem zwei Jahre älteren Herzog Ernst August II. Constantin von Sachsen-Weimar und Eisenach vermählt. Pflichtgemäß gebar sie rasch den ersehnten Thronfolger. Doch bald darauf verlor sie ihren Mann, der nach vierwöchiger Krankheit an »Auszehrung« verstarb – er erlebte die Geburt seines zweiten Sohnes nicht mehr.

Die junge Herzogin blieb verwitwet und übernahm als Vormund fortan die Regierungsgeschäfte für ihren ersten Sohn Karl August, wobei ihr oft genug ein starker Wind entgegenwehte. Sie sorgte dafür, dass unter anderem die Dichter Wieland und Goethe die Prinzen erzogen, schob verschiedene Reformen an und manövrierte das kleine Herzogtum umsichtig auch durch schwierige Zeiten, etwa den Siebenjährigen Krieg. Doch sie hatte auch noch eine andere Seite: Sie war eine gesellige Frau, kannte aus ihren Kinder- und Jugendjahren das ausgeprägt kulturelle Leben aus Wolfenbüttel, einst eines der wichtigsten politischen und kulturellen Zentren Norddeutschlands. Häufig weilten daher Gäste an ihrem Hof in Weimar, vor allem Künstler und Gelehrte. Anna Amalia reiste aber auch gern, liebte das Theater, lernte neben Zeichnen zahlreiche Sprachen und war schriftstellerisch tätig. Für die Weimarer Bibliothek, die erst seit 1991 ihren Namen trägt, und deren Ausbau, den noch ihr verstorbener Mann initiiert hatte, ließ sie 1766 ein fürstliches Wohnhaus umbauen – und machte die Büchersammlung für die Öffentlichkeit zugänglich. Heute zählt auch ihre private Bibliothek mit etwa 5.000 Bänden dazu, einer der größten Bestände deutscher Fürstinnen des 18. Jahrhunderts. Darunter ist, eher ungewöhnlich für die Zeit der Herzogin, eine umfangreiche Sammlung an Frauenliteratur zu finden – verfasst über, von oder für Frauen.

1807 verstarb Anna Amalia von Braunschweig-Wolfenbüttel in Weimar, doch im Wolfenbütteler Schloss sind noch immer die Spuren der Welfin zu entdecken, etwa ihr Geburtszimmer. Sie schuf mit ihrem Musenhof die Grundlage für die Entwicklung ihrer Wahlheimatstadt zu einem kulturellen Zentrum.

Anita Augspurg

Verden

»**D**as Recht der Frauen ist in den Händen der Männer meist übel gewahrt.«

Das sind Worte von Anita Augspurg, eine der bekanntesten Frauenrechtlerinnen in Deutschland. Sie war wild entschlossen, diesbezüglich grundlegend neue Fakten zu schaffen und etwas zu ändern – und wurde für ihren großen Einsatz in der Frauenbewegung Anfang des 20. Jahrhunderts bekannt.

Gebürtig ist die Juristentochter aus Verden an der Aller, wo sie 1857 als jüngste Tochter in eine liberal gesinnte Familie hineingeboren wurde – alle Kinder durften sich unter der Obhut der Eltern vergleichsweise frei entwickeln. In der niedersächsischen Kleinstadt verbrachte sie ihre Schulzeit, bevor sie sich zunächst in Berlin zur Lehrerin ausbilden ließ, dazu ihre schauspielerischen Ambitionen umzusetzen begann und schließlich eine Ausbildung zur Fotografin absolvierte. Dank eines Erbes war sie finanziell abgesichert und eröffnete 1887 in München ein Fotoatelier. Sie war zudem eine der Mitbegründerinnen der »Gesellschaft zur Förderung geistiger Interessen der Frau« (als »Verein für Fraueninteressen« noch immer existent) – und bekannt wegen ihrer öffentlich gelebten Beziehungen zu Frauen, ihrem klaren Bekenntnis zur Frauenbewegung, ihrer verwegen kurz geschnittenen Haare und den Männerhosen, welche sie oft trug. Doch das war ihr alles noch nicht genug, sie wollte mehr »am sich vollziehenden Wandel der Dinge in Staat und Gesellschaft mitwirken« und schrieb sich in Zürich für Jura ein – ihrerzeit eine der wenigen Universitäten für Frauen in Europa. 1897 schloss Anita Augspurg, nunmehr 40 Jahre alt, nach nur acht Semestern mit ihrer Promotion ab. Sie gilt somit als erste deutsche promovierte Juristin.

Fortan kämpfte sie radikal und selbstbewusst für die Sache der Frauen, etwa das Frauenwahlrecht, eine grundlegende Reform des Ehe- und Familienrechts, für uneingeschränkten Bildungszugang für Mädchen oder die Aufhebung des Abtreibungsparagrafen 218. Sie gab zudem mehrere Broschüren und Zeitschriften heraus. Zu Beginn des Ersten Weltkrieges 1914 zeigte sie deutlich ihre pazifistische Haltung. Schon 1923 wetterte sie, zusammen mit ihrer langjährigen Gefährtin Lida Gustava Heymann, ebenfalls eine engagierte Frauenrechtlerin, als eine der ersten und wenigen gegen Hitler – sie forderten beide seine Ausweisung aus Bayern. Somit jahrelang im Visier der Gegner, mussten die beiden Frauen 1933 Deutschland den Rücken kehren und ließen sich in Zürich nieder. Sie kehrten nicht mehr zurück.

Anita Augsburg verstarb, kurz nach Lida, im Dezember 1943 in Zürich. Sie gilt heute als Ikone der Frauenbewegung.

Anne Kistner

Hannover

Sie nahm kein Blatt vor den Mund. Die weitgereiste Autorin Anne Kistner, die unter dem Pseudonym Anny Albert zahlreiche Texte veröffentlichte, zeigte auf, was faul war im Deutschen Reich, jedenfalls, was die Behandlung der weiblichen Bevölkerung betraf.

Kistner wurde als Anne Gudewill am 2. November 1834 in Celle als Tochter eines Premierleutnants geboren. Mit 22 Jahren gab sie einem Hauptmann das Jawort und nahm seinen Nachnamen an. Mit ihm verbrachte sie als junge Ehefrau einige Zeit in Frankreich und Algerien. Doch das Glück währte nicht lange, sechs Jahre später wurde sie bereits Witwe. Ihre Wege führten sie nun zunächst in große deutsche Städte wie Leipzig, Berlin oder München, doch es zog sie auch nach Frankreich, Italien und Spanien. Und sie schrieb; ihre erste Veröffentlichung 1865 trug den Titel »Volk und Zustände in Algier von einer deutschen Dame«. Viele weitere folgten, zudem verfasste Kistner Aufsätze, Reiseskizzen und Novellen, die in Journalen und Zeitungen erschienen. Ebenso schrieb sie erfolgreiche Schwänke und Lustspiele. Ihr Herz indes schlug noch für ein anderes Thema: die Frauenbewegung. Sie wurde Mitglied im »Allgemeinen deutschen Frauenverein Leipzig«. Der Einfluss jener Strömung schlug sich in ihren Texten nieder: Mit ihrem 1874 erschienen Band »Harte Gesetze« schuf sie einen literarischen Meilenstein bezüglich der weitestgehend rechtlosen Stellung einer Frau in der deutschen Gesellschaft – und im Bürgerlichen Gesetzbuch. Schlagworte wie Geschlechtervormundschaft oder Lehrerinnenzölibat gehörten ihrerzeit zum Alltag von Frauen. Der Band galt damals und gilt heute noch als wichtiger Beitrag zur Besserstellung der Frau.

»Ist man jemand nicht intim«, dichtete sie dazu im gleichen Jahr, »schützt vor Spott ein Pseudonym«. Es war ein kluger Entschluss der mutigen Schriftstellerin, um sich vor Häme zu schützen: In dem Band kommen viele Frauen zu Wort, und mit ihren Schilderungen weist die gebürtige Cellerin die Leserschaft kritisch auf Missstände hin wie beispielsweise auf die völlige Rechtlosigkeit von Frauen innerhalb der Ehe und die dadurch bedingte Ehehölle so mancher betroffener Frau. »Zur Scheidung sind gar keine Gründe vorhanden«, lässt sie etwa eine mitleidige Pastorin sagen, während sich eine schwer gedemütigte und geschlagene Frau Hilfe suchend an sie wendet. Denn: Frauen unterstanden der männlichem Vormundschaft und einerlei ob Vater oder Ehemann, sie hatten das Recht, Frauen »gelinde« zu züchtigen.

Anne Kistner alias Anny Albert, heute fast völlig vergessen, verstarb im Juli 1911 in Hannover.

Antje Brons

Emden

Der Reformator Menno Simons, der um 1536 zur Täuferbewegung konvertierte, begründete die Gemeinschaft der Mennoniten. Die Glaubensinhalte basieren auf den vier Soli Christus, Schrift, Glaube und Gnade, und zur Lebensführung gehört unter anderem ein friedenspolitisches Engagement.

Auch Antje Brons, Tochter von Jan ten Doornkaat Koolman, Begründer der berühmten Firma Doornkaat, und der Kaufmannstochter Antje Doedes Cremer (die bei der Geburt ihres einziges Kindes verstarb), war kraft Erziehung überzeugt vom mennonitischen Glauben. Mit gerade mal 20 Jahren schloss sie die Ehe mit dem Emdener Kaufmann Ysaak Brons, ebenfalls Mennonit und später Abgeordneter der Deutschen Nationalversammlung 1848. Die Ehe galt als glücklich – sie schrieb in ihrem Tagebuch dazu, sie sähe sich als »Gefährtin des Mannes, nicht Sklavin« – und fruchtbar: Sie hatten elf gemeinsame Kinder.

So weit, so gut – für eine Frau des Jahrgangs 1810 war dies durchaus ein zeitgemäßer Werdegang. Doch darüber hinaus wurden Ysaak und Antje Brons mit Getreidegroßhandel und einer Seereederei wohlhabend. Auf dem eigenen Schiff, nach Antje benannt, fuhren einst die ersten Auswanderer von Emden nach Nordamerika. Die große Familie bewohnte ein prächtiges Haus, indem einst sogar Wilhelm I. von Preußen, der spätere Kaiser, abstieg. Antje Brons hatte also mit Mutter- und Repräsentationspflichten gut zu tun, zudem war sie aufgrund ihrer religiösen Gesinnung auch außer Haus auf vielfältige Weise tätig. So setzte sie sich in Emden für die Gründung einer Töchterschule, eines Kindergartens, eines Frauenvereins zur Unterstützung von verwundeten Soldaten sowie einer Suppenküche zur Armenspeisung ein – auch wenn sie vielleicht gern stärker ihre schriftstellerischen Neigungen ausgelebt hätte, als das bislang der Fall war. Ihre ganz persönliche Stunde schlug daher erst, als sie längst Großmutter war. 1884, nun 74 Jahre alt, erschien unter dem Namen Anna Brons ihr fundiertes, an die 400 Seiten umfassendes Werk »Ursprung, Entwickelung und Schicksale der altevangelischen Taufgesinnten oder Mennoniten, in kurzen Zügen übersichtlich dargestellt«. Der Band war eingeteilt in zehn Abteilungen von der »Entstehung der Taufgesinnten. Ihre Verbreitung in der Schweiz und Süd–Deutschland« bis zum »Einfluss der Mennoniten auf die geistige Entwickelung in England: Independenten, Baptisten und Quäker. Mennoniten in den Niederlanden, Süd-Deutschland, Elsass-Lothringen, Frankreich, Galizien und Polen im 19. Jahrhundert«. Sie schrieb somit die erste deutschsprachige zusammenfassende Darstellung zum Thema und gilt heute als anerkannte Kirchenhistorikerin des 19. Jahrhunderts. Antje Brons verstarb 1902 in Emden.

Bertha Krupp von Bohlen und Halbach

Nordhorn

Der Name Krupp steht für Stahl, Reichtum und die Villa Hügel in Essen. Das Gut Klausheide in der Grafschaft Bentheim wird damit indes weniger in Verbindung gebracht. Dabei wurde das etwa 3.750 Hektar umfassende, einstige Moor- und Heidegebiet 1914 von Bertha und Gustav Krupp von Bohlen und Halbach als Gut Clausheide begründet. Ein landwirtschaftliches Mustergut sollte es werden, und bald konnte die erste Ernte eingefahren werden. Untrennbar mit dem Gut verbunden ist die Gründung und Entwicklung des Ortes Klausheide (circa 1.500 Einwohner), 1974 nach Nordhorn eingemeindet. Doch den ersten Erfolgen folgten bald Missernten und die finanzielle Schieflage. Die Familie ließ einen Teil des Areals zu einem zivilen Flugzeuglandeplatz herrichten, der bald auch militärisch genutzt wurde. Heute ist hier ein Luftwaffenübungsplatz, Teile des Gutes sind seit 1996 ein Wohnheim für Menschen mit Suchtleiden.

Bertha Krupp, Jahrgang 1886 und mütterlicherseits adliger Herkunft, beerbte bereits mit 16 Jahren ihren früh verstorbenen Vater Friedrich Alfred Krupp und galt ihrerzeit als »beste Partie Deutschlands«. 1906 heiratete sie den Diplomaten Gustav »Taffy« von Bohlen und Halbach. Er durfte durch kaiserliches Dekret den Namen Krupp seinem Familiennamen voranstellen. Sie bekamen acht Kinder und avancierten zu einer der prominentesten Familie Deutschlands. Bertha war eine so strenge und geachtete Matriarchin wie schillernde Repräsentantin des Hauses. Für die »groben Nazis« hatte sie erst nur Verachtung übrig und lehnte es ab, Hitler, diesen »rüpelhaften Emporkömmling«, zu empfangen. Doch letztlich gab sie nach, auch wenn sie bei dessen erstem Besuch wohl Migräne vorschob. Bald danach wehte die Hakenkreuzfahne aber dennoch vor der Villa Hügel, und Bertha soll dabei zu einer Angestellten gesagt haben: »Gehen Sie hinunter und sehen Sie, wie tief wir gesunken sind.«

Die Familie arrangierte sich und sank, wie allseits bekannt, sehr tief, weswegen mehrere männliche Mitglieder später vor Gericht standen. Und Bertha trauerte. Bereits 1909 hatte sie einen kleinen Sohn verloren, dessen Tod sie einst veranlasst hatte, eine Wöchnerinnenklinik in Essen zu gründen. Nun bangte sie um ihren Sohn Harald, der in Sibirien in Gefangenschaft war: Er kam erst 1955 zurück. Sie beklagte auch den Tod der gefallenen Söhne Eckbert und Claus, letztgenannter Namensgeber des Gutes bei Nordhorn.

Bertha Krupp von Bohlen und Halbach verstarb im September 1956. Das Familienvermögen wird heute von der Krupp-Stiftung verwaltet, mit den Einnahmen werden Projekte in Wissenschaft, Bildung, Gesundheitswesen, Sport und Kultur gefördert.

Caroline Ernst

Oldenburg

Ohne den Mut von deutschen Frauen wäre Amerika heute nicht das, was es ist. Viele packten, manche freiwillig, doch die meisten wohl mehr der Not als der Abenteuerlust gehorchend, ihre Habseligkeiten zusammen, um in der »Neuen Welt« Fuß zu fassen. Familie Ernst aus dem damaligen Herzogtum Oldenburg wanderte 1829 über Le Havre nach Amerika aus. Sie zählt somit zu den deutschen Siedlern der allerersten Stunde – Vater, Mutter und fünf Kinder – und gilt als Begründerin der ersten deutschen Kolonie in Texas. Was den Buchhalter Friedrich Ernst und seine Frau Luise Weber damals bewogen haben mögen, ist nur schwer zu sagen, doch was ihre Tochter Caroline, bei Ankunft zwölf Jahre alt, in ihrem 1899 veröffentlichten Text »Life of German Pioneers in Early Texas« über jene Zeit festhielt, ist heute noch nachzulesen. Akribisch beschreibt sie die lange Schiffsreise, die Ankunft und das karge und beschwerliche Leben in Amerika: Zunächst lebte die Familie kurzfristig in New York, bevor sie entschied, nach Missouri zu gehen. In New Orleans erfuhr sie, dass jeder Mann in Texas von der mexikanischen Regierung 4.500 Morgen Land bekäme. Die Ernstens beschlossen den Neuanfang in Texas. Im April 1831 erreichten sie San Felipe, »a wonderful place to live«, wie der Vater in einem Brief schrieb, der in der Zeitung daheim alsbald abgedruckt wurde und aufgrund dessen weitere Familien ihnen bald nachfolgen sollten. Sie bekamen 28 Meilen von San Felipe entfernt Land, lebten einfach, bescheiden und ohne Komfort. Heute trägt der kleine Ort, wo sie siedelten, den Namen Industry, die Hauptstraße heißt Ernst Pkwy, nach Carolines Vater ist zudem ein Park benannt.

Mit 18 Jahren heiratete Caroline einen Soldaten, drei Jahre später war sie Witwe und Mutter von drei kleinen Kindern. In zweiter Ehe bekam sie sieben weitere Kinder, doch auch ihr zweiter Ehemann, zugleich ihr Schwager, verstarb vor ihr. Caroline war nun in der Intellektuellensiedlung Meyersville zu Hause, einem »Latin Settlement«, in dem vornehmlich deutsche Einwanderer lebten, die sich der lateinischen Sprache sowie der deutschen Literatur, Musik und Philosophie widmeten. Ihre dritte Ehe ging sie mit Werner von Hinüber ein, Farmer und Sohn des königlich hannoverschen Justizrates Justus von Hinüber. Sie bekam Zwillingssöhne, die Ehe indes wurde nach vier Jahren geschieden.

Später verzog Caroline mit ihrer behinderten Tochter Rosa (wahrscheinlich litt sie an den Folgen von Kinderlähmung), die sie bis zu ihrem Tode umsorgen sollte, nach Lockhart zu einem Sohn, wo sie 1902 im Alter von 83 Jahren verstarb. Sie gilt heute als erste deutsche Siedlerin in Texas, ihre Zeilen aus dem Jahr 1899 sind noch immer spannend zu lesen.

Caroline Herschel

Hannover

Caroline Herschel

Als Caroline Lucretia Herschel im März 1750 geboren wurde, orakelte wohl kaum jemand an ihrer Wiege, dass sie eines Tages mit akademischen Weihen regelrecht überhäuft oder gar Himmelskörper ihren Namen tragen würden. Doch im künstlerisch geprägten Elternhaus lernten die Kinder nicht nur das Singen und Musizieren, sondern auch lesen und schreiben – selbst das einzige Mädchen in der fünfköpfigen Schar, was damals gewiss keine Selbstverständlichkeit war. Der Vater machte seinen Nachwuchs auch mit Sternenkunde vertraut. Caroline sollte sich trotzdem vornehmlich in Haushaltsführung ausbilden. Doch es kam anders. Beinah hätte sie zudem Karriere als Sängerin gemacht, auch wenn die Mutter gehofft hatte, Caroline würde den Beruf der Weißnäherin ergreifen. Sie versuchte, wenn auch vergebens, ihrer Tochter typisch weibliche Arbeiten wie etwa Nähen und Stricken zu vermitteln. Aber als sie feststellen musste, dass diese andere Wege beschritt, meinte sie, Caroline sei und bliebe ein roher Klotz, »allerdings aber ein nützlicher«. Und sie sollte recht behalten, jedenfalls, was das Attribut »nützlicher« angeht.

Als ihr Bruder Wilhelm im Jahr 1781 eher zufällig den Planeten Uranus entdeckte und daraufhin eine Stelle als königlicher Hofastronom in Windsor antrat, ergriff auch die 22-jährige Caroline ihre Chance und verdingte sich als seine Gehilfin – für ein Jahresgehalt von 50 Pfund. Ihr Forschergeist war nun gefragt, und die Hannoveranerin widmete sich mit großem Erfolg der Kometensuche. Nächtelang suchte sie den Himmel ab, hielt ihre Beobachtungen fest und wertete diese aus, schrieb Aufsätze und verfasste umfangreiche Verzeichnisse. Doch obwohl ihre Arbeiten hochgelobt wurden, hielt sie sich in der Öffentlichkeit zurück und schob den Erfolg dem Bruder zu.

Als Wilhelm nach fast 50 schaffensreichen Jahren 1822 starb, zog es Caroline Herschel zurück in ihre Heimatstadt. Hier setzte sie ihre astronomischen Studien fort, ordnete den Nachlass des Bruders und unterstützte zugleich ihren Neffen dabei, Wilhelms Arbeiten fortzusetzen. In Hannover genoss sie allerhöchstes Ansehen. Sie wurde mehrfach ausgezeichnet, etwa von der Royal Astronomical Society, die sie 1835 als erste Frau zum Ehrenmitglied ernannte. 1838 erfolgte die Aufnahme in die Königliche Irische Akademie der Wissenschaften in Dublin, Caroline war zu dem Zeitpunkt bereits 88 Jahre alt, und schließlich wurde ihr die goldene Medaille der Preußischen Akademie der Wissenschaften verliehen. Heute tragen ein Komet und ein Mondkrater ihren Namen, die Volkssternwarte in Hannover wurde nach den Geschwistern benannt.

Caroline Lucretia Herschel verstarb im Januar 1848 in Hannover.

Caroline von Linsingen

Emmerthal

War sie es oder war sie es nicht – es wird vielleicht für immer ein Geheimnis bleiben, ob Caroline von Linsingen tatsächlich einst die heimliche Gemahlin des Herzogs von Clarence und somit des späteren britischen und hannoverschen Königs Wilhelm IV. wurde. In seinen Biografien ist von ihr nie die Rede und sie wird in den Annalen der Geschichtsschreibung kaum erwähnt. Doch wer weiß …

Carolines Lebensweg begann im Jahr 1768 in Hannover. Sie erblickte als Tochter des kurhannoverschen Generals Wilhelm von Linsingen und seiner Frau am 27. November das Licht der Welt. Wenige Jahre zuvor hatte ihr Vater die Ehre, die künftige Gattin des englischen Königs Georg III. zu ihrer Heirat nach London zu begleiten. Ausgerechnet der Thronfolger Wilhelm aus dieser Verbindung gedieh später nicht unbedingt nach den Wünschen der Eltern, er galt als so ungehobelt wie raubeinig und war den Frauen allzu sehr zugeneigt. Kurzum wurde er nach Hannover verfrachtet, um Manieren und Anstand zu lernen. Doch der Ort bot ihm wenig, daher verweilte er gern in Bad Pyrmont, damals ein, vor allem beim europäischen Adel, sehr beliebtes Kurbad. Hier begegneten und verliebten sich der Prinz und die damals 21-Jährige. Beide Familien tobten ob der verwegenen Idee zu heiraten – Caroline war zwar von Adel, aber nicht aus einem regierenden Hause, entstammte somit einer nicht standesgemäßen Familie. Also schlossen sie wohl am 21. August 1790, Wilhelms 25. Geburtstag, heimlich die Ehe und wurden in der Kapelle des Rittergutes Welsede der Familie von Stietencron im Emmerthal getraut. Doch es kam, wie es kommen musste: Als die Familien davon erfuhren, tobten sie erst recht. Der 1792 in Göttingen geborene Sohn wurde weggegeben. Caroline, die man Glauben machte, er sei tot geboren, sah ihn nie wieder. Bald darauf stimmte sie zudem auf Druck der Scheidung zu. Wilhelm verschwand aus ihrem Leben. Sie blieb nach dem »Skandal« gezeichnet, wurde »nervenleidend« und fiel 1795 zeitweise ins Koma. Sie galt indes als tot und wurde im offenen Sarg aufgebahrt. Ihr Retter kam in Gestalt eines Arztes aus Hildesheim. Er bemerkte zu Recht, sie sei nur scheintot, und verhinderte ihre Beerdigung. Wenige Tage später erwachte Caroline und heiratete bald darauf ihren bürgerlichen Retter. Als Ehepaar Meinecke lebten sie vergleichsweise bescheiden, bekamen zwei gemeinsame Kinder und verzogen ins mährische Blansko, wo Caroline 1815 mit erst 46 Jahren an »Entkräftung« verstarb. Ihr Grab ist dort heute noch zu finden. Hans Georg, ihr Sohn aus dem Liebesverhältnis mit dem Herzog, wuchs in einer jüdischen Familie auf. Er sollte später als hochdekorierter Generalmajor König Georgs V. und »König Meyer« in die hannoversche Annalen eingehen. Aber das ist eine andere Geschichte …

Catharina Helena Dörrien

Hildesheim

*Portrait der Catharina Helena Doerrein – Ölgemälde von Friedrich Lud-
wig Hauck aus dem Jahr 1761 – im Besitz der Naturhistorischen Sammlung
im Museum Wiesbaden*

Catharina Dörrien galt zu ihren Lebzeiten als »berühmtes Frauenzimmer« und machte sich im 18. Jahrhundert einen Namen nicht nur als Reformerin in Sachen Mädchenbildung oder begabte Zeichnerin, sondern vor allem als Botanikerin. Ihre Expertise war vor allem im einstigen Fürstentum Oranien-Nassau bekannt.

Catharina Helena wurde im März 1717 als zweites von vier Kindern der Pastorenfamilie Johann Jonas und Lucia Catharina Dörrien in Hildesheim geboren. Sie ging als junge Gouvernante in die heute zu Mittelhessen gehörende Stadt Dillenburg, wo sie der Familie ihrer Freundin Sophia, Gemahlin des oranien-nassauischen Regierungsrats und Archivars Anton Ulrich von Erath, als Erzieherin zu Diensten war. Dort setzte sie sich entschlossen für die bis dahin sehr mangelhafte Mädchenbildung ein und unterrichtete die Kinder der Eraths, Mädchen und Knaben, in gleicher Weise. Sie verfasste für ihre kleinen Schutzbefohlenen Theaterstücke, Bilderbücher, zahlreiche Aufsätze und weitere Schriften. Zudem zeigte sie großes Talent im Zeichnen. Im Alter erfuhren ihre Interessen und Begabungen noch besonders große Aufmerksamkeit. Schon immer war die Erzieherin gern in der Natur unterwegs und hielt zahlreiche ihrer Beobachtungen in Wort und Schrift fest. Es war daher nur konsequent, diese eines Tages zu sichten, zu ordnen und interessiertem Publikum zugänglich zu machen. Im Jahr 1777 brachte die 60-Jährige daher das deutschsprachige »Verzeichniss und Beschreibung der sämtlichen in den Fürstlich Oranien-Nassauischen Landen wildwachsenden Gewächse« heraus, versehen mit über 1.400 farbigen, von ihr gefertigten Aquarellen, von denen neben einem 1761 von Friedrich Ludwig Hauck aus der Homburger Malerdynastie gemalten Dörrienschen Porträt heute noch circa 40 im Besitz der Naturhistorischen Landessammlungen in Wiesbaden sind. Einem Vergleich mit den Zeichnungen der berühmten Naturforscherin Maria Sibylla Merian können diese mühelos standhalten. Doch alle weiteren Bildnisse gelten leider als verschollen. Zudem verfasste Dörrien mehrere naturhistorische Fachbeiträge. Bereits ein Jahr vor Erscheinen ihres Werkes war sie zum Ehrenmitglied der »Gesellschaft Naturforschender Freunde zu Berlin« ernannt worden. Dieselbe Ehre wurde ihr auch in der Botanischen Gesellschaft von Florenz zuteil. Die auf so vielfältige Weise Interessierte blieb ledig und kinderlos und verstarb im Juni 1795 in Dillenburg. Zum 300. Geburtstag der Botanikerin und Pädagogin entstand in Dillenburg in Kooperation mit einigen öffentlichen Schulen ein Musical, welches sich dem Leben und Wirken von Catharina Dörrien widmet. Es wurde im Oktober 2018 uraufgeführt.

Catherine Nobbe

Rinteln an der Weser

»Dem männlichen Scharfsinn ist es bis jetzt nicht gelungen, die Sache so einfach darzustellen, daß Jedermann die Wohlthat, schnell schreiben zu können, genießen kann. Nun hat Gott der Herr es einem nicht im mindesten gelehrten, nein, einem ganz einfachen Weibe geschenkt.«

Diese Worte sind dem Vorwort aus Catherine Nobbes 118 Seiten umfassenden Lehrbuch »Neue Schnellschrift. Stenografie. So einfach dargestellt, dass sie von jedem verständigen Menschen in einer Stunde kann begriffen werden. Sogar Kinder werden sie mit Leichtigkeit und Vergnügen erlernen, weil dies Schreibsystem keine hohen Anforderungen an den Geist, sondern nur Übung erfordert« entnommen, welches 1886 auf den Markt kam. Catherine Nobbe ist also die Erfinderin eines deutschsprachigen Kurzschriftsystems. Die Idee dazu allerdings ist sehr alt. Bereits in der Antike hatte sich der einstige Sklave und später Freigelassene Marcus Tullius Tiro damit beschäftigt, er gilt heute als Vater der Stenografie. Catherine Nobbe zählt zu den über 30 Menschen – davon, soweit heute bekannt, nur zwei Frauen –, die sich im Laufe der Jahrhunderte daran gemacht haben, als ideenreiche Systemerfinder eine eigene Schrift zu kreieren. Ihrerzeit war die gebürtige Kasselerin Catherine, geborene Siebert, bereits Witwe und eine gestandene Musiklehrerin.

Sie wurde im Dezember 1830 geboren. Mit erst fünf Jahren war sie Waise und wurde von Verwandten aufgenommen, die ihr den Besuch einer Privatschule ermöglichten. 1852, als 18-Jährige, reichte sie Wilhelm Nobbe, einem Bäckermeister aus Rinteln an der Weser, die Hand zur Eheschließung. Nach zwölf Jahren verstarb ihr Mann, wenige Jahre später auch ihr Sohn. Nun musste sie allein für sich sorgen – und gab Klavierunterricht. Zugleich begann Catherine damit, sich mit Stenografie zu befassen und entwickelte ein eigenes System: eine Fünf-Linien-Lineatur, auf einen Konsonanten (Mitlaut) folgende Selbstlaute (a, e, i, o, u) wurden dabei angehängt und durch die Stellung von unten nach oben in der Lineatur gekennzeichnet, Doppel- oder Umlaute (ae, oe, ue) bekamen eigene Regeln. Sie selbst soll damit 110 Silben pro Minute geschrieben und erfolgreich mit ihrer Schwester korrespondiert haben.

Catherine Nobbe formulierte im Vorwort des Bandes ihre Hoffnung, dass sich ihre Schrift durchsetzen möge: »... und ich möchte doch nicht gern, wenn es Gottes Wille ist, das, was er mir gegeben, und was Mühe und Fleiß gekostet hat, mit unter die Erde nehmen, sondern es der Menschheit, wie ich zu Gott hoffe, zum Segen übergeben.« Doch vergebens. Sie starb im Dezember 1886 im Erscheinungsjahr ihres Buches – und mit ihr bald darauf auch ihre Kurzschrift.

Charlotte von Veltheim

Helmstedt

Domina Charlotte von Veltheim, 1911 am Stickrahmen

Das ehemalige Augustiner-Chorfrauenstift in Helmstedt kann auf eine sehr lange Geschichte zurückblicken. Gegründet im Jahr 1176, wurde es 1569 aufgrund der von Herzog Julius von Braunschweig-Wolfenbüttel eingeführten Reformation in einen protestantischen Damenkonvent umgewandelt.

Kraft eines »Tauschcontracts« aus dem Jahr 1754 haben die Frauen aus der Familie derer von Veltheim, uradliges Ministerialengeschlecht, das Recht, dem Kloster – der Muttergottes Maria zur Ehre einst Sankt Marienberg zu Helmstedt benannt – als Domina vorzustehen. Die in Folge vierte und bekannteste Vertreterin von ihnen ist Charlotte von Veltheim, älteste Tochter des Oberhofjägermeisters Hans von Veltheim und seiner Ehefrau Berta von Oberg in Braunschweig. 1848, erst 16-jährig, wurde sie im verwaisten Kloster in ihr Amt eingeführt, in das sie mit 30 Jahren endgültig einzog. Die Gebäude waren sehr renovierungsbedürftig und wurden teils mit großen Beträgen aus Charlottes Privatvermögen wiederhergerichtet. Pflicht und Tradition gleichermaßen geschuldet, war sie bereit, dem Kloster neues geistlich-religiöses Leben einzuhauchen, unterstützt von engagierten und tatkräftigen Frauen aus ihrem Familien- und Freundeskreis. Das besondere Augenmerk der jungen Adligen und ihren Mitschwestern lag auf der christlichen Erziehung von Mädchen und Frauen. Daher gründete sie mehrere Schulen, ein Internat für »höhere Töchter« sowie einen Kindergarten. Durch Mitgründung des Niedersächsischen Paramentenvereins zur Ausstattung kirchlicher Gemeinden mit kunstvoll gearbeiteten Handarbeiten wie beispielsweise liturgischen Gewändern, Wandbehängen oder Altardecken schuf sie die Grundlage der evangelischen Paramentenwerkstätten in Deutschland, die heute als Paramentenwerkstatt in Trägerschaft der von Veltheim-Stiftung sind.

Die 1869 neugebaute Bahnstrecke Braunschweig-Magdeburg führte nah am Kloster vorbei, medizinische Versorgungsmöglichkeiten lagen damals weit weg. Die Bauleitung fragte an, ob Erkrankte und Verunfallte zur Behandlung ins Kloster kommen durften. Charlotte bekam dazu Unterstützung von Diakonissenschwestern aus dem mittelfränkischen Neuendettelsau. Die Patienten konnten versorgt und das Angebot ausgebaut und erweitert werden, was schließlich zum Bau des Westflügels und einiger Neubauten führte. Charlotte von Veltheims Konvent starb 1884 aus, dennoch stand sie dem Haus bis 1892 vor. Sie verstarb 1911 im Alter von 79 Jahren. Aus »ihrem« Krankenhaus entwickelte sich die 1976 neu erbaute Helios Sankt Marienberg Klinik Helmstedt. Im Kloster ist seit 1989 wieder ein Konvent beheimatet.

Charlotte Kestner

Hannover

»... da ich die vorliegenden Treppen hinaufgestiegen war und in die Tür trat«, schrieb ein noch relativ unbekannter Dichter in seinem Roman mit dem Titel »Die Leiden des jungen Werther«, »fiel mir das reizendste Schauspiel in die Augen, das ich je gesehen habe.« Auf diese Weise hielt dieser seine erste Begegnung mit Lotte, Charlotte Sophie Henriette Buff, fest und schuf damit zugleich ein literarisches Denkmal, welches ihn – wie auch sie – später rund um den Globus berühmt machen sollte.

Johann Wolfgang von Goethe, er wurde 1782 geadelt, war seinerzeit ein junger Jurist. Er traf das 19-jährige Mädchen, das seit dem Tod der Mutter den väterlichen Haushalt führte und die zahlreichen jüngeren Geschwister versorgte, 1772 auf einem Ball bei Wetzlar, wo er gerade als Praktikant tätig war. Obwohl Charlotte bereits Christian Kestner, Vizearchivar im Gericht, versprochen war, wich er ihr nicht mehr von der Seite. Und bald schon ging Goethe auch im Hause Buff ein und aus, half beim Obstpflücken und Bohnenschneiden und pflegte, trotz der Umstände, einen guten Kontakt zu Kestner.

»Welch eine Wonne das für meine Seele ist«, schrieb er dazu im »Werther«, »sie in dem Kreise der lieben, muntern Kinder, ihrer acht Geschwister, zu sehen!«

Doch alles Schwärmen half ihm nichts, seine Lotte blieb wohl – bis auf einen einzigen unschuldigen Kuss – standhaft. Nach drei hoffnungslosen Monaten kehrte Goethe Wetzlar und dem unerreichbaren Mädchen ohne Abschied den Rücken und begann bald damit, den ersten Bestseller der deutschen Literaturgeschichte zu schreiben.

Im Jahr darauf heiratete Charlotte ihren Verlobten Kestner, dem die Rolle des »Albert« in Goethes Roman stets unangenehm blieb. Sie zog mit ihm nach Hannover und gebar in 27 Ehejahren zwölf Kinder, zehn von ihnen erreichten das Erwachsenenalter. Große Bekanntheit sollte später die Kunstsammlung ihres Sohnes Georg August Christian erfahren, die als Gründungsbestand des heutigen Museums August Kestner in Hannover gilt.

Mit dem Dichtervater blieb Charlotte durch Briefkontakt verbunden. Mit 47 Jahren wurde sie bereits Witwe, einige Jahre später besuchte sie ihre Schwester in Weimar. Auch ein Treffen mit Goethe, gerade frisch verwitwet, stand an. Es soll, will man den Zeilen von Thomas Mann in seinem Buch »Lotte in Weimar« Glauben schenken, recht kühl und eher sachlicher Natur gewesen sein.

Charlotte Kestner, die ihr ganzes Leben, Geben und Streben ihrer über alles geliebten Familie gewidmet hatte, verstarb mit 75 Jahren am 16. Januar 1828 in Hannover, wo heute ihr Grab auf dem Gartenfriedhof zu finden ist.

Claire Waldoff

Hannover

Den Namen Claire Waldoff verbindet man gemeinhin mit Berlin, Kabarett und schmissigen Volksliedern – unvergessen ihre Auftritte mit »Hermann heeßt er« oder »Nach meene Beene is ja janz Berlin verrückt«. Kaum jemand weiß, dass die Künstlerin als Schülerin namens Clara Wortmann dem ersten Jahrgang der Gymnasialkurse für Mädchen an der Sophienschule in Hannover angehörte und somit einige Jahre in der niedersächsischen Hauptstadt gelebt hat.

Clara, 1884 als elfter Spross einer großen Gastronomenfamilie mit Wurzeln im Bergarbeitermilieu in Gelsenkirchen geboren, wohnte zur Untermiete bei der Familie des Schauspielers Theo Lingen. Ihr Ziel: das Medizinstudium. Aber es sollte anders kommen, die finanziellen Mittel reichten dafür nicht. Daher entschloss sich die Abiturientin für die Schauspielerei und nannte sich fortan Claire Waldoff. Bald rief eine Bühne in Bad Pyrmont, eine weitere im oberschlesischen Kattowitz, es sollten viele Engagements folgen. 1906 zog Claire nach Berlin, wo sie auch in Stummfilmen mitwirkte. Hier gab sie im Jahr darauf ihr Debüt im Kabarett im Theater Roland an der Potsdamer Straße als »Etonboy«. Sie sang, nachdem das zunächst geplante Programm der Zensur zum Opfer gefallen war, »Das Schmackeduzchen«, ein Lied aus der Feder des Texters Hermann Frey in einer Vertonung des Komponisten Walter Kollo, über einen Erpel, der sich in einen Rohrkolben, das Schmackeduzchen eben, verliebt hat. Über Nacht avancierte Claire Waldoff damit zum Star, und es dauerte nicht lange, bis sie im »Chat noir« wie auch dem »Linden-Cabaret«, damals die bekanntesten Kabaretts Berlins, gastierte. Schon bald hatte sie dafür ihr eigenes, verwegenes und für damalige Verhältnisse geradezu anstößiges Markenzeichen entwickelt: Männerkleidung mit Krawatte und Hemdbluse, dazu die Haare zum Bubikopf geschnitten. Sie schmetterte Gassenhauer, Volkslieder, Schlager und Chansons gleichermaßen, dazu im Berliner Dialekt, rauchte auf der Bühne, fluchte wie ein Bierkutscher und war, wie sie von sich selbst sagte, »die große Nummer in meiner Einfachheit.«

Die Art, wie sie das Alltagsleben einfacher Leute aus weiblicher Perspektive präsentierte, kam gut an. Sie trat schließlich in den größten Varietés Berlins auf und ging auf Deutschlandtournee. Doch nach der Machtübernahme der Nazis 1933 wurde ihr ein zeitweiliges Berufsverbot erteilt, welches nach Eintritt in die Reichskulturkammer aufgehoben wurde – obwohl ihr Erscheinen vermehrt auf Kritik stieß. Die Auftritte wurden weniger. Ab 1946 zog sie sich ins Privatleben zurück. Die »Berliner Göre aus dem Ruhrpott« verstummte für immer nach einem Schlaganfall im Januar 1957.

Clara Rilke-Westhoff

Fischerhude

L ange stand sie nur im Schatten ihres Ehemannes, heute gilt Clara Rilke-Westhoff als bedeutende Malerin und Pionierin der weiblichen Bildhauerei des frühen 20. Jahrhunderts. Bereits früh wusste das 1878 geborene Mädchen, wohin der Weg gehen sollte – in die Malerei. Daher verließ es mit 17 Jahren das Elternhaus in Bremen. Derartige Entscheidungen indes waren für ambitionierte Frauen mit Steinen gepflastert: Der Zutritt zu staatlichen Akademien blieb ihnen verwehrt, so auch Clara, die ab 1895 in einer privaten Malschule in München ihr Studium aufnahm. Aber selbst da musste sie schlechte Bedingungen hinnehmen, etwa höhere Studiengebühren und eingeschränkte Teilnahme an angebotenen Kursen, das Aktmalen blieb ihr untersagt. Clara missfielen diese Verhältnisse, und nach drei Jahren entschied sie sich, in die so malerische wie umstrittene Künstlerkolonie Worpswede nahe der Heimatstadt zu gehen.

1889, 18 Kilometer nordöstlich von Bremen gegründet und mitten im Teufelsmoor gelegen, war der seinerzeit eher kritisch beäugte Ort Arbeits- und Lebensmittelpunkt zahlreicher Künstlerinnen und Künstler des Jugendstils, Impressionismus und Expressionismus, unter denen der ersten Stunde etwa Heinrich Vogeler, Fritz Mackensen und Otto Modersohn. Es war das magische Licht, welches sie anzog, ebenso die abwechslungsreiche Landschaft, die bäuerliche Idylle, das einfache Leben. Hier fanden sie reizvolle Motive und bescheidenes Auskommen. Bald schloss Clara Freundschaften, besonders mit der Malerin Paula Becker, der späteren Frau von Otto Modersohn, und entwickelte ihre Liebe zur Bildhauerei, damals noch eine reine Männerdomäne. Sie ging daher für weitere Studien zunächst nach Leipzig, später in Begleitung Paulas nach Paris, wo sie unter anderem bei Auguste Rodin studierte.

Zurück in Worpswede lernte sie Rainer Maria Rilke kennen, den vielleicht bekanntesten deutschsprachigen Dichter jener Zeit, dem sie 1901 ihr Jawort gab. Nach der Geburt der gemeinsamen Tochter Ruth währte das Glück indes nur noch kurz, für ein bürgerliches Familienleben war Rilke nicht geschaffen. Clara gab das Kind notgedrungen in die Obhut ihrer Eltern und folgte ihm – stets hart arbeitend und dennoch oft begleitet von finanzieller Not – nach Paris, später zeitweise nach Rom. Als Rilke sich nach seiner Militärzeit schließlich in der Schweiz niederließ, ließ sich Clara, die ihm bis zu seinem Ableben 1926 eng in Freundschaft verbunden blieb, im beschaulichen Fischerhude nieder. Sie holte ihre nun elfjährige Tochter zu sich und lebte und arbeitete fortan bis zu ihrem Lebensende im März 1954 in einem Wohnhaus mit Atelier, welches heute als »Café im Rilkehaus« an die einstigen Bewohnerinnen erinnert.

Dora Garbade

Ganderkesee

Gut Nutzhorn liegt malerisch zwischen den beiden Flecken Horst und Heide, im Stadtgebiet von Ganderkesee nördlich von Delmenhorst. Wo schon im 16. Jahrhundert adlige Familien Heim wie Auskommen fanden und seit 1963 ein Fleischereibetrieb zu finden ist, führte jahrzehntelang Dora Garbade, die selbst auf einem Hof groß wurde, mit ihrer Familie die Administration. Unter ihrer Ägide wurde das 83 Hektar umfassende Anwesen weit über die Grenzen des Oldenburger Landes hinaus bekannt. Sie verwaltete das Gut über 35 Jahre lang und gründete nebenher in nur wenigen Jahren zahlreiche landwirtschaftliche Hausfrauenvereine, um Mädchen und Frauen im ländlichen Bereich den Horizont auch für andere Dinge zu öffnen als nur für die erforderlichen Fertigkeiten und Kenntnisse, die in einem bäuerlichen Betrieb vonnöten waren. Das Gut entwickelte sich mit Dora als tatkräftige Lehrfrau zu einem überregional anerkannten landwirtschaftlichen Betrieb, der Vorträge und Lehrgänge über Geflügelzucht, Gartenbau und Hauswirtschaft anbot, aber eben auch kulturelle und pädagogische Themen auf dem Programm hatte. Dora gehörte zudem zu den Gründerinnen des Evangelischen Dorfhelferinnenwerks Niedersachsen.

Geboren wurde Gesine Mathilde Julie Theodore Depken, genannt Dora, am 22. März 1893 als ältestes von sieben Kindern in Schwachhausen/Bremen. Ihr Vater Johann lebte es vor, sich zu engagieren. Er stand einer Familientradition gemäß an der Spitze der Landwirtschaftskammer in Bremen, der Großvater war zudem zeitweise Abgeordneter im Deutschen Reichstag. Die Tochter trat mit den ihr als Frau in jener Zeit gegebenen Möglichkeiten, sich einzubringen, also durchaus in die Fußstapfen ihrer männlichen

Vorfahren: »Jan olt«, »Jan klok« und »Jan lang« – nach ihnen sind in Bremen die Depkenstraße und der Johann-Depken-Weg benannt. Dora besuchte – eher ungewöhnlich für ein »Bauernmädchen« in jener Zeit – eine Höhere-Töchter-Schule und absolvierte anschließend in Hessen eine hauswirtschaftliche Lehre. Hier lernte sie ihren Mann Hermann kennen, ein diplomierter Landwirt, mit dem sie eine Tochter bekam.

Die politischen Veränderungen gingen auch an Gut Nutzhorn nicht vorbei. Dora wurde im NS-Staat »Abteilungsleiterin für die Ländliche Hauswirtschaft«. Dennoch zeigte sie Mut und Haltung und bildete ein jüdisches Mädchen zur Meisterin aus und beschäftigte es darüber hinaus mehrere Jahre auf dem Gut. Das Mädchen dankte es ihr mit langer Freundschaft. Dora Garbade verstarb 1981, für ihr Engagement vielfach ausgezeichnet wie beispielsweise mit dem Bundesverdienstkreuz und der Goldenen Ehrennadel des Niedersächsischen Landvolkverbandes.

Dorothea von Schlözer

Göttingen

Mit vier Jahren sollte sie bereits schreiben und lesen können, mit acht gab sie öffentliche Klavierkonzerte, mit 16 Jahren zehn Sprachen beherrscht haben und mit erst 17 machte Dorothea von Schlözer ihren Doktor in Philosophie an der Universität Göttingen – eine außergewöhnliche Frauenfigur in der Frühen Neuzeit. Im August 1770 erblickte sie als viertes Kind des Göttinger Universalgelehrten August Ludwig von Schlözer und seiner Frau Caroline Friederike Roederer, einer Kunstmalerin und -stickerin, das Licht der Welt und zählt somit zu den sogenannten Universitätsmamsellen, den Göttinger Gelehrtentöchtern im 18. und 19. Jahrhundert, die seit Kinderzeiten vertraut auch später eine Art weibliches Netzwerk in der deutschen Kultur pflegten. Dazu zählte etwa auch die Schriftstellerin Caroline Schelling. Den »Mamsellen« war eines gemeinsam: Sie erfuhren vor allem durch ihre Väter eine gründliche Ausbildung, was für damalige Zeiten ungewöhnlich war – deren Ehrgeiz galt weder als Maßstab, noch wurde er in ihren Kreisen für gut befunden. Gerade Vater Schlözers Erziehungs- respektive Ausbildungsbestrebungen bei seinen Töchtern stießen nur begrenzt auf Verständnis.

Für ihre Promotion im September 1787 wurde Dorothea dreieinhalb Stunden lang in deutscher Sprache in den Fächern klassische Literatur, Bergbau, Baukunst und Mathematik geprüft. Eine Dissertation musste sie nicht vorlegen. Sie war – nach der Ärztin Dorothea Christiane Erxleben – somit die zweite Frau in Deutschland mit einem Doktortitel. »Ich stehe erstaunt vor meinem Schicksal«, sagte sie dazu einst und gab nur fünf Jahre später dem Lübecker Freiherrn und Kaufmann Mattheus Rodde ihr Jawort, gebar nacheinander drei Kinder und pflegte eine lange Affäre mit einem französischen Philosophen, der 1815 verstarb. Nach seinem Tod lebte die promovierte Philosophin als aufgeklärte »Salonnière«, verkehrte in den nobelsten Kreisen der Stadt Lübeck und pflegte zahlreiche Kontakte zu deutschen wie französischen Intellektuellen. Nach dem Bankrott ihres Mannes zog Dorothea mit ihrer Familie zurück nach Göttingen.

Ihre letzten Jahre waren von viel Leid und Tod geprägt: Ihr Mann war siech, zwei ihrer Kinder starben an der Schwindsucht, auch das Jüngste war krank, weswegen eine Reise nach Südfrankreich Heilung bringen sollte. Doch in Avignon verstarb Dorothea Freifrau von Rodde-Schlözer mit knapp 55 Jahren am 12. Juli 1825 an einer Lungenentzündung.

Mit dem Dorothea-Schlözer-Programm fördert die Universität Göttingen heute Nachwuchswissenschaftlerinnen, mit einer nach ihr benannten Medaille ehrt sie Frauen, die sich für Wissenschaft und Frauenbildung engagieren.

Edith Stein

Göttingen

»Der Himmel nimmt einem nichts, ohne es unermesslich zu vergelten«, so äußerte sich einst die Karmeliterin Teresia Benedicta a Cruce, die vor allem als Philosophin und Frauenrechtlerin namens Edith Stein weithin bekannt ist und die 1942 in der Gaskammer von Auschwitz ermordet wurde.

Geboren und aufgewachsen in einer kinderreichen jüdisch-orthodoxen Familie in Breslau, begann Edith Stein nach der Schule ein Lehramtsstudium und belegte unter anderem das Fach Philosophie. In Göttingen setzte sie ihr Studium fort – es sollten für sie drei wegweisende Jahre werden. Hier hörte sie Vorlesungen des berühmten Philosophen und Phänomenologen Edmund Husserl, der später ihr Doktorvater wurde. Stein, die sich zeitweise als Atheistin sah, promovierte nach dem Staatsexamen 1916 mit dem Thema »Zum Problem der Einfühlung«. Sie folgte Husserl nach Freiburg und wurde seine Assistentin. Doch obwohl sie vier verschiedene Schriften an verschiedenen Universitäten vorlegte, wurde sie als Frau nicht zur Habilitation zugelassen. Ihr blieb damit eine wissenschaftliche Laufbahn verwehrt. Es mag auch diese bittere Erfahrung gewesen sein, die zu den weiteren Schritten führte: Am 1. Januar 1922 ließ sie sich katholisch taufen, ein Jahr später trat sie ihre Stelle als Lehrerin und Dozentin an den Schulen der Dominikanerinnen von Sankt Magdalena in Speyer an. 1932 wechselte Edith zum Deutschen Institut für wissenschaftliche Pädagogik in Münster. In jener Zeit machte sie auch als Sprecherin zu frauenpolitischen Themen von sich reden. Doch bald musste sie schweigen und bekam ein Veröffentlichungsverbot.

Die Philosophin Edith Stein entschied sich, ihren bereits lang gehegten Wunsch, Ordensfrau zu werden, umzusetzen und trat, zum Entsetzen ihrer jüdischen Familie, der sie sich dennoch sehr eng verbunden fühlte, in den Karmel zu Köln-Lindenthal ein. Bereits im April 1933 schrieb sie einen Brief an den Papst und bat ihn darin, sich gegen die Verfolgung ihres Volkes einzusetzen. Vergebens. Im April 1934 bekam sie den selbst erwählten Ordensnamen Teresia, 1938 legte sie ihr ewiges Gelübde ab. Doch auch ein Leben als Nonne bewahrte Edith Stein nicht vor der Verfolgung. Nach einiger Zeit im holländischen Exil wurde sie verhaftet, ins Konzentrationslager verschleppt und im August 1942 ermordet.

Mit dem Edith-Stein-Preis der Universität Göttingen wird heute alle zwei Jahre besonderes soziales, politisches und gesellschaftliches Engagement im Sinne der 1998 heiliggesprochenen Konvertitin gewürdigt. Für ihre Haltung und Courage wurde Edith Stein in die Ruhmeshalle Walhalla aufgenommen, eine Sammlung von zahlreichen Büsten und Gedenktafeln, mit der seit 1842 bedeutende deutsche Persönlichkeiten geehrt werden.

Éléonore Desmier d'Olbreuse

Celle

Eléonore Desmier d'Olbreuse (1639–1722) Herzogin von Braunschweig-Lü-
neburg Öl auf Leinwand, um 1700 Bomann-Museum Celle

Sie war weder standesgemäß noch aus deutschen Landen und schon gar nicht dem rechten Glauben verschworen. Doch als der Celler Herzog Georg Wilhelm auf die charmante und liebreizende Éléonore traf, war es um ihn geschehen. Der Mann aus europäischem Reichsadel geriet in eine Zwickmühle, denn eigentlich war er ja schon Sophie von der Pfalz versprochen, einer Stuart-Nachfahrin. Doch der Welfenspross pfiff auf Konventionen, trat die Braut generös an den jüngeren Bruder ab und schenkte Éléonore Desmier d'Olbreuse (1639–1722), einer bekennenden und streng gläubigen Hugenottin aus einfachem französischem Landadel, sein Herz und sein Leben. Auf eine rechtmäßige Ehe indes musste die Erwählte zehn Jahre lang warten. Das Paar ging 1665 zunächst nur eine »Gewissensehe« ein, die 1666 geborene Tochter Sophie Dorothea wurde somit illegitim geboren. Erst nachdem Éléonore in den Reichsgrafenstand erhoben worden war, konnte die »echte« Eheschließung nachgeholt und ein standesgemäßer Titel an Mutter und Tochter verliehen werden. Die Ehe galt als ausgesprochen glücklich.

Die als »getauschte Braut« in die Annalen der Welfengeschichte eingegangene Sophie, nunmehr immerhin zur First Lady im Fürstentum Brauschweig-Lüneburg avanciert, machte Éléonore jahrzehntelang das Leben zur Hölle, doch diese stand ehern an der Seite ihres Gatten und nahm in Celle Einfluss, wo sie nur Einfluss nehmen konnte. Sie brachte feine französische Lebensart an den Hof, ließ ein Theater im Schloss einbauen – heute das älteste, ständig bespielte Barocktheater Deutschlands – und unterstützte vor allem ihre verfolgten Glaubensangehörigen, die ihrerzeit zu Tausenden aus ihrem Land fliehen mussten. Die Herzogin sorgte dafür, dass über 300 hugenottische Flüchtlinge in der Residenzstadt dauerhaft eine neue Heimat fanden. Sie wurde somit zur Mitbegründerin einer französisch-reformierten Gemeinde. 1699 wurde das Gotteshaus, ein sogenannter Temple, erbaut, er steht heute noch, und die kleine Gemeinde bewahrt das Gedenken an die Mitbegründerin wohlwollend.

Großen Kummer erfuhr die Herzogin, nachdem ihr einziges Kind Sophie Dorothea wegen einer außerehelichen Liebesbeziehung geschieden, der Kinder beraubt und den Rest ihres Lebens verbannt auf Schloss Ahlden inhaftiert leben musste. Da half auch die Liebe zum Gemahl Georg Wilhelm nichts, er blieb eisern in seiner Entscheidung bis zum Tod 1705, sie durfte ihre gefallene Tochter nur gelegentlich besuchen. 17 Jahre nach ihm verschied auch Herzogin Éléonore und fand in der Fürstengruft der Stadtkirche Sankt Marien in Celle an seiner Seite ihre letzte Ruhestätte.

Eleonore Prochaska

Dannenberg (Elbe)

Sie wurde als »Trommlerin der Lützower Rothärmel« bekannt, der Komponist Ludwig van Beethoven schrieb für sie einen Trauermarsch, und so manche Schriftsteller haben ihr ein literarisches Denkmal gesetzt. Viel der Ehre für Marie Christiane Eleonore Prochaska, geboren im März 1785 in Potsdam als Tochter eines preußischen Unteroffiziers. Und das zu Recht, denn sie ging als eine Frau in die Annalen der deutschen Militärgeschichte ein, die sich heimlich als Mann ausgab. Sie ließ sich unter dem Namen August Renz als Freiwilliger beim 1. Jägerbataillon des Lützower Freikorps registrieren und kämpfte unerkannt im preußischen Heer gegen Napoleon. Eleonore Prochaska, die einen Teil ihrer Kindheit in einem Potsdamer Militärwaisenhaus verbracht hatte, später zunächst den väterlichen Haushalt führte und zudem als Köchin tätig war, wollte ebenfalls ihren Beitrag leisten zum Sturz Napoleons – jenseits der Möglichkeiten, die sich ihrerzeit patriotischen Frauen boten. Die große Frau – nach Angaben des Zeitzeugen und späteren Historikers Otto Preusse »5 Fuß, 8 Zoll, 3 Strich hoch« (circa. 1,78 Meter) – wurde als Flügelmann, ein im ersten Glied stehender Soldat, eingesetzt, ihre Kochkünste waren im Feld hoch geschätzt: »Übrigens kochte er vortrefflich in den Biwaks.«

Im September 1813 in der Schlacht an der Göhrde wurde der Soldat Renz bei dem Versuch, einen verwundeten Kameraden aus der Kampflinie zu holen, durch einen Kartätschenschuss verwundet, ein Schenkel wurde zerschmettert. Der behandelnde Arzt soll bei der Wundversorgung schließlich das wahre Geschlecht erfahren haben. Man hatte, darf man Preusse Glauben schenken, der den Vorfall später nach Kriegsende beschrieb, »den beklemmenden Waffenrock geöffnet: der schneeweiße Busen verriet in pochenden Schlägen das jungfräuliche Heldenherz. Kein Laut der Klage kam über ihre Lippen, um die noch sterbend ein beseligtes Lächeln schwebte.«

Man ließ die Verwundete nach Dannenberg bringen, wo sie drei Wochen später mit erst 28 Jahren den schweren Verletzungen erlag. Obwohl weiblichen Geschlechts wurde sie mit allen militärischen Ehren bestattet. Bald entstand um die Tote ein großer Heldenmythos. Ihre Geburtsstadt Potsdam wie auch Dannenberg an der Elbe haben Eleonore Prochaska bleibende Denkmale gesetzt, etwa eine Gedenktafel an ihrem Sterbehaus. Ihr Grab, ein Obelisk, im 19. Jahrhundert das Symbol für unsterbliche Tugend und Standhaftigkeit, ist in Dannenberg ebenfalls zu finden. Auf ihm steht für die Nachwelt in Stein gemeißelt ihr legendärer Ausruf, der sie auf dem Schlachtfeld zusätzlich enttarnen sollte: »Herr Lieutenant, ich bin ein Mädchen.«

Elisabeth Maske

Lüneburg

Die Stadt Lüneburg hat ihr eine Straße gewidmet und ehrt somit eine Frau, die ihr Leben der Pädagogik und dem Sport gewidmet hat und das in einer Zeit, in der Frauen noch lange nicht für höhere Schulkarrieren vorgesehen waren. Doch Elisabeth Maske ging unbeirrt ihren Weg und sollte damit Lüneburger Stadt- wie Sportgeschichte schreiben: Sie wurde die erste Lehrerin mit Uni-Abschluss und die erste Frau im Vorstand des Turnvereins.

Geboren wurde Marie Conradine Elisabeth Maske am 12. Mai 1860. Ihr Vater August Maske war Stadtbaumeister, ihre Mutter Johanne Antoinette Lindemann verstarb, als sie fünf Jahre alt war, deren Schwester Marie wurde bald darauf ihre Stiefmutter. Mit erst 16 Jahren und entgegen dem vorherrschenden Zeitgeist, der für Mädchen ihres Alters vor allem den Ehestand und viele Kinder vorsah, schrieb sich Lia, wie sie von allen genannt wurde, am 1866 gegründeten und reformpädagogisch ausgerichteten Lehrerinnenseminar in Wolfenbüttel ein, wo sie erstmals mit Turnunterricht für Mädchen konfrontiert wurde – in jener Zeit gesellschaftlich noch ein absolutes »No-Go«. Doch Lia Maske war fortan infiziert und blieb es bis zu ihrem Lebensende. Im Jahr 1889, nach einigen Berufsjahren als Erzieherin in Schlesien und in der Schweiz, kehrte sie in die Heimatstadt zurück und wurde als Lehrerin an der Höheren-Töchter-Schule tätig.

1895 öffnete die Universität Göttingen erstmals ihre Pforten für Frauen, wenn auch vorerst nur in besonderen Ausnahmefällen und mit Sondergenehmigung des Unterrichtsministeriums. Elisabeth Maske nutzte diese Chance. Sie bewarb sich unter anderem für die Fächer Französisch, Naturwissenschaften, Geschichte und Kunstgeschichte und wurde angenommen. Nach vier Semestern absolvierte sie die Abschlussprüfung vor den Göttinger Professoren, zum Ablegen des Staatsexamens musste sie indes in Berlin vorstellig werden. Danach kehrte sie – nun frischgebackene Oberlehrerin – nach Lüneburg zurück und blieb bis zu ihrem Ruhestand 1925 als Pädagogin tätig. Doch darüber hinaus trat sie auch in die neu gegründete Damenabteilung des Lüneburger Männerturnvereins (MTV) ein und avancierte an der Seite des Turnlehrers bald zur Vorturnerin und das – wie verwegen – ohne Korsett und dafür in kurzen Hosen. Nach Ende des Ersten Weltkrieges wurde sie in den Vorstand gewählt, 1923 erhielt sie als erste Frau die Ehrenmitgliedschaft. 1926 organisierte Maske das erste Lüneburger Kreisfrauenturnfest. 1930 empfing sie als erste Frau eine Ehrenurkunde der Deutschen Turnerschaft. »Ich diente nur einer guten Idee. Das war es, was mich jung hielt und mein Leben wertvoll machte«, sagte Elisabeth Maske bescheiden bei der Verleihung. Sieben Jahre später verstarb sie mit 77 Jahren in Lüneburg.

Elisabeth von Brandenburg

Hann. Münden

Wäre es nach Elisabeth gegangen, hätte sie möglicherweise nicht unbedingt einen 40 Jahre älteren Mann zum Gatten erwählt. Doch es ist unwahrscheinlich, dass sie dazu überhaupt befragt wurde, und so ehelichte sie im Juli 1525 Erich I. von Braunschweig-Calenberg-Göttingen. Die 15 Jahre währende Ehe soll trotz allem glücklich gewesen sein, was vielleicht auch damit zusammenhängen könnte, dass die strenggläubige und im humanistischen Sinne erzogene Prinzessin aus dem Hause Hohenzollern ihren Mann kaum sah: Er hielt sich meist in Calenberger Landen auf, sie bevorzugte ihr Leibgedinge, das Welfenschloss Münden, als Aufenthaltsort. Trotzdem bekam sie vier Kinder.

Elisabeth, 1510 als Tochter von Joachim I. von Brandenburg geboren, bekam den gleichen Namen wie ihre Mutter, eine dänische Königstochter. Diese wurde bereits zu Kinderzeiten mit den Ideen der Reformation vertraut gemacht. Die Dänin hing den Lehren Luthers an, weswegen ihr Mann Johann I. sie um ein Haar hätte einmauern lassen. Sie flüchtete rechtzeitig zu ihrem Vetter nach Sachsen, wo ihre Tochter Elisabeth sie mehrmals aufsuchte. Später lernte diese Martin Luther kennen und stand danach mit ihm in regem Briefaustausch, hat ihm Käse aus Münden zukommen lassen, er wiederum schenkte ihr Feigen- und Maulbeerbaumsetzlinge. Elisabeth von Brandenburg, die sich wie die Mutter öffentlich zu dem neuen Glauben bekannte, hat nach dem Tod ihres Gemahls 1540 maßgeblich dazu beigetragen, die Lutherschen Lehren in ihren Landen durchzusetzen, und gilt heute in Südniedersachsen als Reformationsfürstin. Im damaligen Münden, heute Hann. Münden, ließ sie zudem eine bürgerliche Mädchenschule einrichten, obwohl die Mädchenbildung in sehr kleinen Kinderschuhen steckte und noch als so unnütz wie überflüssig galt. In dieser »Meidtlein-Schule« sollte der weibliche Nachwuchs des Ortes ebenso wie die Knaben an den anderen Schulen »schrieven und lesen lernen, gude Seden und Dogenden zu Godes Loffunde Ehre«. Leider scheiterte das Projekt. Die Eltern schickten ihre Töchter im schulfähigen Alter kaum zur Schule und Elisabeth, mittlerweile in zweiter Ehe mit dem Grafen Poppo XII. von Henneberg, jüngerer Bruder einer ihrer Schwiegersöhne, vermählt, wurde von Heinrich Herzog von Braunschweig-Wolfenbüttel, den Neffen ihres verstorbenen Mannes, aus Münden vertrieben. Die Schule wurde nach ihrem Wegzug ins thüringische Ilmenau bald wieder geschlossen. Erich II., Elisabeths Sohn, hielt zudem herzlich wenig von den Ideen seiner Mutter und blieb, wie der Vater einst, katholisch orientiert. Elisabeth starb deswegen angeblich »vollkommen entkräftet und mit gebrochenem Herzen« im Jahr 1558.

Elise Bartels

Hildesheim

»**D**ie Befreiung der Frau kann nur das Werk der Frau selber sein«, so äußerte sich Elise Bartels bei ihrem ersten öffentlichen Auftritt als Frauenpolitikerin auf dem Internationalen Frauentag in Peine im Jahr 1914. Sie sprach zum höchst umstrittenen Frauenwahlrecht, welches in Deutschland vier Jahre später endlich auch für die Bürgerinnen des Landes gelten sollte. Doch bis dahin war es ein langer Weg, den sie bereits im Elternhaus zu beschreiten gelernt hatte.

Elise wurde im Mai 1880 im Hildesheimer Michaelisviertel als einfache Arbeitertochter geboren. Der Vater Gottlieb Bicker, ein überzeugter Sozialdemokrat, nahm sie häufig mit zu politischen Versammlungen, und der Familienhaushalt war, wie sie später selbst betonte, »schon immer durch tausend Fäden mit der Politik verwoben«. Was nicht ganz ungefährlich war zu Zeiten des »Gesetzes gegen die gemeingefährlichen Bestrebungen der Sozialdemokratie«. Die Familie musste mehrfach umziehen, um einer Verhaftung des Vaters zu entgehen.

Bereits in frühen Jahren verlor Elise die Mutter. So verließ sie mit 14 Jahren die Mittelschule und wurde zur Stickerin ausgebildet. Mit 21 Jahren heiratete sie Hein Bartels, einen politischen Weggefährten, und bekam bald darauf zwei Töchter. Bereits 1908 wurde Elise Bartels Mitglied in der SPD. 1914 wurde sie auf der Frauenkonferenz in Hannover zur Schriftführerin gewählt, ab 1916 war sie als Delegierte unterwegs, sogar auf internationalen Frauenkonferenzen. Sie war Mitbegründerin der Arbeiterwohlfahrt und baute sowohl das »Hildesheimer Volksblatt« mit Verlag und Druckerei sowie die Volksbibliothek mit auf. 1919 trat sie in den Hildesheimer Stadtrat ein und engagierte sich vor allem für Kindergärten, Stipendien für Begabtenförderung und die Ausbildung der Mädchen. Elise galt als warmherzige, zugleich jedoch auch streitbare Persönlichkeit und vorzügliche Rednerin, die bei ihren Vorträgen durchaus angriffslustig werden konnte. Ihren Töchtern war sie in Sachen staatsbürgerschaftlichem Engagement ein sehr gutes Vorbild, beide traten später in ihre sozialdemokratisch geprägten Fußstapfen und engagierten sich. Ab 1922 gehörte Elise Bartels dem Reichstag an und zählt somit zur ersten dort vertretenen Frauengeneration. Sie kämpfte fortan für gleichberechtigte Bildungschancen, ein besseres Fürsorgesystems, und den sozialen Wohnungsbau. Am 25.10.1925, während eines Aufenthalts in Berlin, verstarb Elise Bartels erst 45-jährig an einer Embolie. Sie hatte stets leidenschaftlich die Meinung vertreten, man müsse »die Verhältnisse treiben, statt sich von ihnen treiben zu lassen«.

Elsa Sophia von Kamphoevener

Hameln

W er sich gern mit Märchen beschäftigt, sollte den Namen kennen, gilt Elsa Sophia von Kamphoevener doch bis heute als eine der führenden Expertinnen dieses Genres. Ihre Märchen finden noch immer Eingang in Anthologien und werden auf zahlreichen Theaterbühnen gespielt. Bereits früh wurde das 1878 in Hameln geborene Mädchen mit der fremdländischen Kultur vertraut gemacht, wuchs sie doch ab Juni 1883 in Konstantinopel auf, wo ihr Vater Louis Kamphövener, ein preußischer Generalleutnant mit dem Titel eines Paschas, als Marschall der osmanischen Armee diente. Umgeben von der Fürsorge ihrer Mutter Anna sowie türkischem, griechischem und armenischem Personal, lernte die kleine Elsa so nicht nur nebenher sagenhafte neun Sprachen, sondern auch den Märchenschatz des Landes kennen. Es ist zu vermuten, dass die Bediensteten ihr orientalische Märchen erzählten – eine Prägung für ihr gesamtes weiteres Leben. Mit zwölf Jahren indes musste sie für mehrere Jahre dem Land den Rücken kehren, um eine Schule in Hildesheim zu besuchen. Zurück in Konstantinopel wurde die nun 16-Jährige der im Jahr darauf geadelten Familie in die Gesellschaft eingeführt. Elsa heiratete einen Privatdozenten für Bergbau und bekam einen Sohn. Doch die Ehe zerbrach. 1906 verließ Elsa ohne Mann und Kind die Türkei, wurde geschieden und kehrte nie wieder zurück. Zwei Jahre später gab sie dem Mediziner Ernst Marquardsen ihr Jawort. Als Else Marquardsen-Kamphövener publizierte sie bald darauf ihre ersten Texte, gründete einen Verlag und eine Zeitschrift. Doch beides gab sie 1921 nach dem Tod ihres zweiten Mann auf. Sie konzentrierte sich fortan auf das Schreiben über den Orient und verfasste dazu zahlreiche Romane, Aufsätze und Übersetzungen. Elsa schloss zwei weitere Ehen 1925 und 1927, in beiden wurde sie nicht glücklich. Zudem verwob sie ihr echtes und das fiktive Leben, welches sie in ihren Büchern darstellte, immer mehr, sodass das reale Leben der Schriftstellerin in den Hintergrund trat, etwa die Trennungen, ihr Einsatz als Freiwillige an der Front, die Zerstörung ihres Hauses in Berlin, wo sie mittlerweile lebte, oder die Jahre danach, in denen sie versuchte, neu Fuß zu fassen. 1951 wurde Elsa vom Süddeutschen Rundfunk als Märchenerzählerin entdeckt, 1956 erschien ihr Werk »An Nachtfeuern der Karawan-Serail« in zwei Bänden. Die türkischen Märchen wurden zum Kassenschlager und begründeten Elsas Ruhm. Ihr letzter Wohnort war das beschauliche Örtchen Marquartstein im Landkreis Traunstein. Hier lebte die »Baronin«, wie Elsa Sophia von Kamphoevener allseits gern betitelt wurde, bei einer Freundin und verstarb 85-jährig im Juli 1963, von ihrer Leserschaft hochverehrt.

Else Wex

Celle

Es war Amalia Elisabeth Buchner zunächst nicht unbedingt vorherbestimmt, gesund durchs Leben zu gehen: Ihr Vater, Hygieneprofessor in München, experimentierte mit Arsen und verabreichte sich wie auch seiner schwangeren Frau das Mittel, damit sie ein kräftiges Kind zur Welt bringen möge. Die kleine Else, wie das Mädchen bald genannt wurde, vergriff sich später selbst an einer Packung Arsenpillen, überlebte – und beschritt einen für damalige Zeiten ungewöhnlichen Lebensweg: 1884 geboren, machte sie als 16-Jährige eine landwirtschaftlich-handwerklich-hauswirtschaftliche Ausbildung und belegte anschließend naturwissenschaftliche Vorlesungen an der Universität München, wenngleich es ihr zunächst noch nicht möglich war, sich regulär für ein Studium einzuschreiben. Bis es dann schließlich so weit war, stand anderes im Raum, etwa 1906 die Eheschließung mit dem Celler Landwirt Heinrich »Hein« Wex und die Bewirtschaftung eines Klosterguts. Dann kam der Erste Weltkrieg und mit ihm viel Elend und Not. Else erkannte, worin ihre eigentliche Bestimmung lag. Sie begann damit, sich mit großem Engagement der beruflichen Qualifizierung von Frauen und Mädchen zu widmen. Bald wurde sie zur Präsidentin der heute als Landfrauenvereine bezeichneten Zusammenschlüsse in der Provinz Hannover gewählt, trat in die Kreiswohlfahrt und dem Bund Deutscher Frauenvereine bei. Als sie endlich wählen durfte, stimmte sie für die

Deutsche Demokratische Partei (DDP). Dann trennte sich das Ehepaar, Else verzog nach Berlin, studierte National-ökonomie, machte ihr Diplom und – mit 45 Jahren – den Doktorabschluss. Das Thema ihrer Arbeit: Wandlungen in der Sozialen Fürsorge 1914 – 1927. Ihre Ehrenämter jedoch nahm Else Wex weiterhin leidenschaftlich wahr und organisierte so etwa auch den Kongress des Weltbundes für Frauenstimmrecht und Staatsbürgerliche Frauen-arbeit, bei dem sich 1929 in Berlin über 3.000 Gäste aus 42 Ländern einfanden.

Im März 1945 gelangte Else Wex auf der Flucht vor den Berliner Bomben nach Celle, wo sie unermüdlich weiter für die Sache der Frauen- und Mädchenbildung kämpfte. 1945 wurde sie Abgeordnete der SPD, später übernahm sie den Vorsitz der örtlichen Arbeiterwohlfahrt und des Deutschen Frauenrings. Als Akademikerin, Frauenrecht-lerin, Kommunalpolitikerin und einzige Ratsfrau unter 32 Männern zeigte sie auch nach Kriegsende großen Ein-satz und ein feines politisches Gespür, wofür sie 1954 mit dem Bundesverdienstkreuz geehrt wurde. Else Wex ver-starb 77-jährig in Celle.

Die gebürtige Münchnerin hat das Frauenrecht und die Frauenbildung in Deutschland maßgeblich mitgestaltet.

Emilie Winkelmann

Hannover

Jahrhundertelang war Architektur fest in Männerhand. Doch mit Beginn des 20. Jahrhunderts hielten endlich auch die ersten Frauen auf diesem Gebiet Einzug. Eine von ihnen war die 1875 in Aken bei Dessau geborene »Zimmerfrau« Emilie Winkelmann, die heute als erste freiberuflich tätige Architektin Deutschlands gilt. Die Lehrerstochter arbeitete nach ihrer handwerklichen Ausbildung zunächst im Baugeschäft des Großvaters sowie in verschiedenen Architekturbüros, bevor sie 1901 in Hannover eine Zulassung zum Studium – sie unterschrieb ihr Gesuch mit E. Winkelmann – erhielt. Das Staatsexamen indes blieb ihr verwehrt. Enttäuscht ging die junge Sachsen-Anhalterin nach Berlin und arbeitete in einer Baukanzlei, bis sie bald darauf ein eigenes Architektenbüro eröffnete. 1907 errang sie den ersten Preis eines Architekturwettbewerbes für ein Theatergebäude mit Festsaal in der Hauptstadt. Nach Fertigstellung kamen die ersehnten Aufträge seitens der Stadt, aber auch von betuchten Bauherren. Emilie schuf zahlreiche elegante Villen und Landhäuser, etwa in Berlin oder Potsdam, die heute großteils unter Denkmalschutz stehen. Eines ihrer bekanntesten Bauwerke ist das 1909/10 errichtete sogenannte »Leistikowhaus« im Berliner Westend, ein fünfstöckiges Mietshaus mit mehreren großflächigen Wohnungen, und heute das Musterbeispiel für preußischen Historismus nach der Jahrhundertwende. Doch erst das neoklassizistische Ottilie-von-Hansemann-Haus in Berlin-Charlottenburg sollte schließlich Winkelmanns Ruhm als Architektin zementieren. Es entstand unter dem Protektorat der deutschen Kaiserin Auguste Viktoria als damals einzigartige Wohn- und Bildungsstätte für Berliner Studentinnen. Heute trägt es den Namen einer großzügigen Geldstifterin, die sich wie viele von Winkelmanns Auftraggeberinnen einst im Umfeld der Frauenbewegung tummelten.

Die Weltkriege, ein schweres Ohrenleiden sowie die neuen Bauideen in der Weimarer Republik, nagten schwer an den erzielten Erfolgen. Noch 1928 in den Bund Deutscher Architekten aufgenommen, wurde ein Fortkommen für sie zunehmend schwieriger. Ihre politisch neutrale Haltung gebot Winkelmann schließlich den offiziellen Rückzug aus dem Berufsleben. Später sagte sie dazu: »An den Bauten des Dritten Reiches hatte ich keinen Anteil, weil ich keine Parteigenossin werden wollte.« Letztlich hielt sie sich die Kriegsjahre überwiegend mit Modernisierungsprojekten über Wasser. 1945 fand sie auf Gut Hovedissen bei Bielefeld Unterkunft, wo sie sich dem Wiederaufbau des Gutes und der Unterbringung von Flüchtlingen widmete. Sie verstarb daselbst im August 1951. Ihre letzte Ruhestätte fand die Architektin im Familiengrab in Aken.

Emmy Noether

Göttingen

» E ure Exzellenz bittet die mathematisch-na-
turwissenschaftliche Abteilung der philosophischen Fakultät der Göttinger Universi-
tät ehrerbietigst, ihr im Falle des Habilitationsgesuches
von Fräulein Dr. Emmy Noether (für Mathematik) Dis-
pens von dem Erlaß des 29. Mai 1908 gewähren zu wollen,
nach welchem die Habilitation von Frauen unzulässig ist.«

Mit diesem Gesuch stellte die Universität einen Antrag,
um der Studentin Amalie Emmy Noether den Weg in eine
wissenschaftliche Laufbahn zu ebnen, und betonte zugleich,
dass es sich um eine Ausnahmegenehmigung handele. Die
Zulassung wurde abgelehnt. Emmy Noether blieb trotzdem die Assistentin des Mathematikers David Hilbert –
und hielt Vorlesungen, wenn zunächst auch nicht unter
ihrem eigenem Namen. 1919 schließlich konnte sie sich
doch noch habilitieren und wurde sogar später zur außerordentlichen Professorin ernannt. Vier weitere Jahre sollte
es dauern, bis Emmy Noether für ihre Arbeit auch ein
Gehalt bekam. Sie gründete in Göttingen, ihrerzeit Welt-
zentrum mathematischer Forschung, eine eigene Schule,
die zahlreiche Absolventen aus aller Welt versammelte.
Heute sind Mathematiker und Mathematikerinnen rund
um den Globus mit der Noetherschen Ordnung oder dem
Noetherschen Normalisierungssatz vertraut – mathemati-
sche Strukturen und Sätze, die nach ihr benannt wurden.
Physiker und Physikerinnen kennen zudem das Noether-

Theorem, mit dem Noether wichtige Grundlagen für das Fach schuf. Ein steiniger Weg zum Erfolg für das im Jahr 1882 geborene Mädchen jüdischer Herkunft, auch wenn der Vater Mathematikprofessor war. Es besuchte zunächst die Höhere-Töchter-Schule und machte ein Lehrerinnenexamen, bevor es als Gasthörerin Vorlesungen der Uni Erlangen besuchte und 1903 als »Privatstudiernde« das Abitur ablegen durfte. Danach konnte sich Emmy Noether in Erlangen einschreiben und belegte das Fach Mathematik. Von 1907 bis 1915 arbeitete sie an ihrer Alma Mater ohne Anstellung, bis sie zur Mitarbeit in Göttingen gebeten wurde. Doch als die Nazis 1933 an die Macht kamen, musste Emmy Noether die Uni rasch verlassen. Sie emigrierte in die USA, fand als Gastprofessorin Aufnahme am Bryn Mawr Women's College in Pennsylvania und hielt fortan regelmäßig Vorträge in Princeton. Zwei Jahre später, im April 1935, verstarb Amalie Emmy Noether, die »Mutter der modernen Algebra«, mit erst 53 Jahren an den Folgen einer Operation. Die Universität in Göttingen ehrt ihre ehemalige wissenschaftliche Mitarbeiterin mit der Emmy-Noether-Gastprofessur, bei der begabte und herausragende Mathematikerinnen ihre aktuellen Forschungsarbeiten vorstellen können.

Eva Lessing

Jork

Eva Lessing.
Nach einer Photographie auf Holz gezeichnet von Adolf Neumann.

Am 8. Oktober 1776 fand in Jork im Alten Land eine schlichte Trauung statt. Die Braut namens Eva König, geborene Hahn, war bereits 40, verwitwet, eine erfolgreiche Geschäftsfrau und Mutter von vier überlebenden – von einst sieben – Kindern, die sie ihrem ersten Ehemann in 22 Ehejahren geboren hatte. Der Bräutigam, der Dichter und Philosoph Gotthold Ephraim Lessing, war 47 Jahre alt und arbeitete als herzoglicher Bibliothekar in Wolfenbüttel. Jahre zuvor war er in Hamburg als Dramaturg am Nationaltheater tätig gewesen, wo er Eva und ihren Mann Engelbert König kennengelernt hatte. Eine innige Freundschaft entstand. Nach Engelberts Tod 1768 nahm er sich, wie in einem stillen Moment dem Freund, sollte dieser zu Tode kommen, versprochen, der Witwe an. Bald wurde Liebe daraus, drei Jahre später folgte die Verlobung. Der streitbare Hofrat und eine kinderreiche Witwe? Konnte das gut gehen? Es ging – jedenfalls für kurze Zeit, bis das Schicksal erbarmungslos zuschlug –, auch wenn so manche Zeitgenossen die fünf Jahre während Verlobungszeit monierten, bis im Haus bei Freunden endlich die Trauung vollzogen wurde.

Doch bis es so weit war, hatte Eva noch über Jahre in Wien den Nachlass ihres verstorbenen Mannes zu regeln und musste sich dort um die König'schen Tuchmanufakturen kümmern (schließlich galt es auch, die Zukunft ihrer Kinder zu sichern), sie stellte in der damaligen Zeit als eine Ausnahmeerscheinung in der männlich dominierten Geschäftswelt dar. Zudem war Lessing, den Spielschulden in die feste Anstellung getrieben hatten, mit einem Jahresgehalt von 600 Talern und freier Wohnung nicht gerade als wohlhabend zu bezeichnen. Es folgte eine Verlobungszeit, die wegen der räumlichen Distanz vor allem durch brieflichen Austausch gefüllt war. Erst nach der Liebesheirat zog Eva mitsamt den Kindern zu ihrem Gotthold – und richtete das nun gemeinsam genutzte Nest ein, das berühmte Lessinghaus in Wolfenbüttel. Das Glück indes währte nicht lange. Gut 14 Monate später, Weihnachten 1777, gebar Eva Lessing einen Sohn, der den Namen Traugott erhielt. Er verstarb bereits tags darauf wieder, sie erlag am 10. Januar 1778 dem Kindbettfieber.

Es mag kaum länger als ein Wimpernschlag gedauert haben, als Eva König am 8. Oktober 1776 in Jork dem Dichter Gotthold Ephraim Lessing ihr Jawort gab, doch für den kleinen Ort im Alten Land ist die Hochzeit Grund genug, sich des berühmten Paares stetig zu erinnern. Im Trauzimmer des Standesamtes ist heute der Hochzeitseintrag aus dem Jorker Kirchenbuch zu sehen, eine Hochzeitsbank vor dem Rathaus erinnert ebenfalls an das Paar. Zudem finden seit 1992 die überregional bekannten Lessing-Gespräche statt.

Fanny Moran-Olden

Cloppenburg

S ie galt als eine der größten Sängerinnen ihrer Zeit –
mit ihrer ganz besonderen Stimme meisterte sie hohe
Soprantöne ebenso mühelos wie tiefe Altpartien.
Und doch ist die einst international gefeierte Künstlerin
Fanny Moran-Olden heute kaum mehr bekannt.

Im September 1855 in der damals noch zum Herzogtum Oldenburg gehörenden Stadt Cloppenburg geboren,
zeigte sich bereits zu Schulzeiten das Talent der Tochter
aus der katholischen Arztfamilie Tappehorn. Sie studierte
schließlich Gesang in Hannover, später in Leipzig und
Dresden. Ihr Konzertdebüt erfolgte 1877 mit 22 Jahren. Ihr
Debüt an der Oper folgte ein Jahr darauf an der Hofoper
in Dresden, wo sie als Norma in der gleichnamigen Oper
von Bellini Erfolge feierte. 1878 heiratete Fanny in Frankfurt am Main den Tenorsänger Carl Moran. Sie bekam ihre
Tochter Theodora (Dora), die später selbst als Sängerin
Karriere machen sollte, und führte neben dem neuen Ehe-
namen den Künstlernamen Olden, den sie angeblich aus
Rücksicht auf ihre Eltern, die zunächst von einer Bühnen-
karriere ihrer Tochter nichts wissen wollten und sie lieber
im Kloster sahen, angenommen hatte.

Ihr Weg führte die junge Künstlerin über mehrere
deutsche Opernhäuser, etwa Dresden, Frankfurt, Leipzig und München, auch nach New York, wo sie 1888 an
der Metropolitan Opera auftrat. Dort sang Fanny Moran-
Olden, die sich mittlerweile unter anderem einen Namen

als Wagner-Interpretin gemacht hatte, die großen Frauen-
partien des Nibelungenrings, Fricka und Brünhilde, und
feierte in den USA ihre größten Triumphe. Doch Fanny,
die seit 1892 ihren festen Wohnsitz in Berlin hatte, trat
auch vielfach auf europäischen Bühnen auf wie in Däne-
mark, England, Holland, Russland oder Ungarn – und
sie sang gewiss nicht nur Wagner. Ob die Leonore in
Mozarts »Fidelio« oder die großartigen Partien bei Verdi
und Bellini, Fanny Moran-Olden, mittlerweile in zweiter Ehe mit dem bekannten Bariton Theodor Bertram verheiratet, beherrschte ihr Genre auf vielen Ebenen. Mit
ihrem letzten Auftritt als Santuzza in der »Cavalleria rus-
ticana« von Pietro Mascagni nahm sie 1902 Abschied von
der Bühne. Sie wirkte noch einige Zeit als Pädagogin an
einem Konservatorium in Berlin, doch infolge eines irre-
parablen Hirnleidens verbrachte sie ihre beiden letzten
Jahren in geistiger Umnachtung in einem Privatsanato-
rium in Berlin-Schöneberg.

Fanny Moran-Olden verstarb im Februar 1905. Die
Nachricht von ihrem Tod fand selbst in der New York
Times Erwähnung, welche die Künstlerin als eine der größ-
ten Sopranistinnen der Welt würdigte – der New Yorker
Bevölkerung waren ihre früheren Auftritte noch bestens
in Erinnerung.

Felicitas Rose

Müden (Aller)

»… und so bin ich fernab vom Weltgetriebe meine Straße gezogen und habe die Brücken hinter mir abgebrochen … Der erste Tag in meiner neuen Welt. Wunderlich ist mir zu Sinn. Dort verglüht das Abendrot über der braunen Heide, es duftet nach Birkenlaub und Erde … Tiefe, wohlige Stille um mich …«

So beginnt der erfolgreichste Roman der Schriftstellerin Rosa Caroline Mathilde Emma Moersberger, geborene Schliewen, die unter dem Pseudonym Felicitas Rose einst Auflagenhöhen im fünfstelligen Bereich erzielte und sich damit zu den viel gelesenen Schriftstellerinnen des frühen 20. Jahrhunderts zählen darf. Das Werk »Heideschulmeister Uwe Karsten« erschien 1920 und wurde gleich zweimal verfilmt. Inmitten der Südheide gedreht, gilt der Streifen heute als klassisches Beispiel für die vom Schwarzwald bis zur Küste nur allzu beliebten Heimatstreifen – ist er doch aus dem Stoff geflochten, der seit Bestehen der Menschheit die Dramen des Daseins bestimmt und literarisch immer wieder große Treffer landet. Hier die Kurzfassung: Der Verlobte hat sich als treuloser Schuft erwiesen, die Verlobte flüchtet mit gebrochenem Herzen in die Südheide. Hier will sie ihre Wunden lecken und vergessen. Und dann trifft sie auf einen Dorflehrer und findet in ihm die ganz große und wirklich einzig wahre Liebe.

Das Kleinstädtische, Gesellschaftszwänge, Herz, Humor, Bescheidenheit, Nächstenliebe und Naturverbundenheit sind die Gewürzzutaten in Roses zuweilen melodramatischen Texten, die sie von 1900 bis 1937, ein Jahr vor ihrem Tod, regelmäßig produzierte und überwiegend im Verlagshaus Bong & Co. in Berlin veröffentlichte. Ihr Werk umfasst um die 25 Romane und Erzählungen. Neben dem »Heideschulmeister« gilt der 1911 erschienene Band »Pädagogische Briefe einer Mutter« als Roses wichtigstes Werk. Passagen daraus, wie »Mutterliebe ist warm, auch der eisigste Schnee tut ihr nichts« verhelfen der gebürtigen Westfälin Felicitas Rose neuerdings im Internet wieder zu großer Popularität – vor allem zum Muttertag.

Geboren wurde Felicitas Rose 1862 in Arnsberg/Sauerland als Tochter eines Oberpostrates. 1884 heiratete sie ebenfalls einen Oberpostrat, Ernst Moersberger, mit dem sie einst an verschiedene Wohnorte wie Altona, Minden, Potsdam, Gumbinnen, Leipzig, Kiel, Kassel, Bremen und Berlin verzog. 1929 erwarb die Westfälin ein Haus in Müden, Landkreis Celle, benannte es nach einem ihrer Romane »Hilliger Ginsterbusch« und lebte und arbeitete darin wie auch in ihrer Dauersuite im Hotel Kaiserhof in Berlin von 1930 bis zu ihrem Tode 1938. Auf dem alten Friedhof in Müden fand die einst so erfolgreiche Autorin ihre letzte Ruhestätte.

Frieda Duensing

Diepholz

Die Schlagworte des 19. Jahrhunderts waren neben zahlreichen anderen Kinderarbeit, Kinderarmut, Kindermisshandlung. Vielerorts mussten gerade arme und verwahrloste Kinder bereits im zarten Alter in Fabriken und Bergwerken Schwerstarbeit verrichten, sich in der Landwirtschaft verdingen, stehlen oder betteln, wollten sie überleben. Dass sich die miserable Lage dieser Kinder schließlich ändern würde, ist einer Frau zu verdanken, die heute als Wegbereiterin der staatlichen Kinder- und Jugendfürsorge in Deutschland gesehen wird: Frieda Duensing. Geboren im Juni 1864 in Diepholz als Tochter eines Landesökonomierates, setzte sie sich unermüdlich für die Jüngsten in der Gesellschaft ein. Nach Privatunterricht, Schulbesuchen und Auslandsaufenthalten absolvierte Frieda ein Lehrerinnenseminar in Hannover und war mehrere Jahre als Erzieherin und Volksschullehrerin tätig. Hier sah sie die sozialen Missstände in der Bevölkerung, vor allem den Hunger, die Armut, Not und Gewalt in den Arbeiterfamilien. 1896 ging sie zur Abiturvorbereitung nach München, danach, mit 33 Jahren, zum Jurastudium nach Zürich. 1902 promovierte sie dort – als eine der ersten Frauen – zum Thema »Die Verletzung der Fürsorgepflicht gegenüber Minderjährigen. Ein Versuch ihrer strafrechtlichen Bedeutung«. Bereits in ihrer Dissertation beschäftigte sich Frieda Duensing mit Vernachlässigung und Misshandlung im Kinder- und Jugendalter und entsprechenden Möglichkeiten zur strafrechtlichen Verfolgung von Verantwortlichen. In Leipzig bekam sie zudem wichtige Einblicke in die dortige geradezu vorbildhafte Stadtkinderpflege, 1907 folgte eine Anstellung in Berlin – Frieda übernahm die Leitung der Deutschen Zentrale für Jugendfürsorge in Berlin. Die Jugendgerichtsbarkeit lag ihr am Herzen, die junge Juristin arbeitete dort tatkräftig im weiblichen Vormundschafts- und Pflegewesen, engagierte sich für unehelich geborene ebenso wie für psychisch erkrankte Kinder und Jugendliche, setzte sich für die Einrichtung kommunaler Jugendämter und die Entwicklung des Reichsjugendwohlfahrtsgesetzes ein. Sie unterrichtete zudem Rechtskunde an der Sozialen Frauenschule in Berlin und war unermüdlich als sozial aktive Networkerin tätig und etwa mit der Frauenbewegung eng vernetzt.

1913 veröffentlichte sie das »Handbuch für Jugendpflege«, im Juni 1919 wurde sie, gesundheitlich bereits angeschlagen, zur Direktorin der Sozialen Frauenschule in München ernannt. Frieda Duensing, die »Pionierin der modernen Jugendhilfe«, die stets auch für die gleichwertige Behandlung von Mädchen und Knaben kämpfte, verstarb am 5. Januar 1921 infolge eines Lungenleidens in München.

Friederike Riedesel

Wolfenbüttel

3 Jahre lebte Friederike Riedesel Freifrau zu Eisenach in Wolfenbüttel, genannt »Fritze«, an der Seite ihres aus Hessen stammenden, acht Jahre älteren Ehemannes Friedrich Adolf, den sie 1762 16-jährig während einem seiner Feldzüge bei Paderborn geehelicht hatte. Dann wurde dieser, der als Adjutant in braunschweig-wolfenbüttelschen Diensten bis dahin dem Herzog gedient hatte, als befehlender General 1776 nach Kanada geschickt, wo er für die Briten aufgrund der von 1714 bis 1837 bestehenden Personalunion zwischen dem hannoverschen Welfenhaus und England (das Haus Hannover stellte den König von Großbritannien und den Kurfürsten von Braunschweig-Lüneburg in einer Person) am Unabhängigkeitskrieg teilnahm. Seine Gemahlin Friederike Charlotte Louise, geborene von Massow, folgte ihm ein Jahr später samt den gemeinsamen Kindern. An seiner Seite erlebte die im Juli 1746 als Tochter eines preußischen Ministers in Brandenburg an der Havel geborene junge Adlige den Feldzug bis zur Kapitulation der deutsch-englischen Truppenverbände 1777 bei Saratoga. Riedesel und seine Familie kamen in Gefangenschaft, wo sich Friederike bei der Pflege von verletzten und kranken Soldaten nützlich machte – und weitere Kinder des Paares geboren wurden, unter anderem im März 1780 eine Tochter, die den Namen Amerika erhielt. Drei Jahre später kehrte die Familie nach Deutschland zurück, wo sich der General dem Ruhestand widmete.

Friederike aber verarbeitete ihre Erlebnisse in Übersee und machte sich damit nach dem Tod ihres Mannes als Schriftstellerin zu Beginn des 19. Jahrhundert einen bescheidenen Namen. 1800 erschien der Band mit dem Titel »Berufsreise nach Amerika, Briefe und Berichte des Generals und der Generalin von Riedesel während des nordamerikanischen Kriegs in den Jahren 1776 bis 1783 geschrieben«. Er wurde mehrfach übersetzt, immer wieder überarbeitet und noch viele Jahre nach ihrem Tod im März 1808 in Berlin aufgelegt.

Darüber hinaus wird der jungen Freifrau heute noch in ganz anderer Sache gedacht: Während der Zeit in Kanada lebte die Familie in Sorel-Tracy, etwa 80 Kilometer nördlich von Montreal gelegen. Hier soll Friederike Riedesel an Heiligabend im Jahr 1781 den ersten Weihnachtsbaum auf dem amerikanischen Kontinent aufgestellt und somit in der »Neuen Welt« den deutschen Brauch etabliert haben. Eine kleine Gruppe von Offizieren sei im Hause Riedesel zu Gast gewesen, wo »ein an den Zweigen mit Früchten dekorierter und von Kerzen beleuchteter Weihnachtsbaum stand«, so beschrieb es einer ihrer Biografen. Vor dem einstigen Hauptquartier der Braunschweiger Truppen erinnert noch heute eine große Tannenbaumsilhouette an Friederikes Weihnachtsbaum.

Grete Gillet

Nienburg/Weser

Ihr Konfirmationsspruch aus dem Johannesevangelium lautete: »Ich bin das Licht der Welt; wer mir nachfolgt, der wird nicht wandeln in der Finsternis, sondern wird das Licht des Lebens haben.« Er begleitete sie ein Leben lang: Grete Gillet gilt heute als erste Theologin Deutschlands und hat maßgeblich daran mitgewirkt, dass der Beruf der Pfarrerin hierzulande anerkannt und etabliert wurde. Mit ihrem unerschütterlichen Glauben beschritt sie neue Wege und leistete einen wichtigen Beitrag für die Mädchen- und Frauenbildung in der ersten Hälfte des 20. Jahrhunderts.

Als einziges Kind einer ökumenischen Familie am 23. Juli 1885 in Nienburg an der Weser geboren – der Vater war ein katholischer Beamter aus der Nähe von Malmedy nahe der belgischen Grenze, die Mutter stammte aus Niedersachsen und war evangelischen Glaubens – wurde Grete Gillet, wie vielerorts gängige Praxis, in der Konfession der Mutter erzogen. 1901 zog die Familie nach Hannover. Hier trat sie als junges Mädchen der Jugendbewegung »Wandervogel« bei. Nachdem sie 1915 ihr Abitur abgelegt hatte, zog es die junge Grete zum Studium zunächst nach Marburg, wo sie die Fächer Religion, Deutsch und Geschichte belegte. Doch bald wechselte sie nach Berlin und ging schließlich nach Heidelberg, um Theologie zu studieren; dort war es Frauen möglich, in dem Fach auch einen Abschluss zu erlangen.

Grete Gillet blieb. Doch obwohl sie alle ihre Examina vor dem Evangelischen Oberkirchenrat in Karlsruhe abgelegt hatte, wurde sie zunächst nicht von der Landeskirche übernommen, sondern konnte nur als Gemeindehelferin in mehreren kleinen Gemeinden im Südschwarzwald tätig werden, jedoch nicht als Theologin, wenn auch teils mit der Möglichkeit zu predigen. Erst 1923 durfte sie ihren Dienst in der Landeskirche als erste Pastorin in Deutschland antreten und wurde zur Religionslehrerin in Mannheim bestimmt. Zwei Jahre später gründete sie zusammen mit einigen Kolleginnen den Verband Evangelischer Theologinnen in Deutschland. Sie war zeitweise für eine Pfarrgemeinde in Heidelberg tätig, später erfolgte die Versetzung zum Frauenwerk der Badischen Landeskirche nach Karlsruhe, und fungierte als Herausgeberin der Monatszeitschrift »Der Kreis. Ein Blatt für die evangelische Frau«. Sie verfasste zudem einige kleine Bändchen mit religiösen Inhalten. In der NS- Zeit fand sie Trost in der Zugehörigkeit zur Bekennenden Kirche. Ein Jahr, bevor sich Grete Gillet 1963 in den Ruhestand verabschiedete, durften Theologinnen in Baden endlich den Titel »Pfarrerin« führen. Was für ein langer Weg für die 1970 verstorbene Theologin der ersten Stunde, Grete Gillet!

Grethe Weiser

Hannover

Berühmt wurde sie für ihren warmherzigen Humor, ihr komisches Talent und ihre freche Schnauze: Grethe Weiser, im Februar 1903 als Mathilde Ella Dorothea Margarethe Nowka in Hannover in eine wohlhabende Unternehmerfamilie hineingeboren. In Dresden, in dessen Nähe die Familie später wohnte, besuchte sie die Schule. Kaum 18 Jahre alt, ging sie in einen Hungerstreik, um sich die elterliche Erlaubnis zur Vermählung mit einem jüdisch-österreichischen Süßwarenfabrikanten namens Josef Weiser zu erkämpfen, der so reich wie untreu war. Mit Erfolg. Bald waren sie zu dritt und lebten in einem Schloss bei Dresden, danach in Berlin, wo ihr Mann Josef ein Kabarett pachtete. Doch die Weltwirtschaftskrise machte dem vermeintlichen Idyll ebenso ein Ende wie seine Seitensprünge – nach nur wenigen Ehejahren war Grethe Weiser eine mittellose alleinerziehende Mutter und musste schauen, wie sie sich und ihren 1922 geborenen Sohn Rolf-Günther durchbrachte. Sie nahm Schauspiel- und Gesangsunterricht und baute sich mit Auftritten als talentierte Diseuse, Chansonsängerin und Komödiantin eine neue Existenz auf. Bald fand sie auch den Weg zum ihrzeit noch jungen Genre Film und wurde rasch für größere Nebenrollen besetzt. Sie glänzte mit frechen und unterhaltsamen Darstellungen etwa von weiblichem Hauspersonal – und feierte ihre ersten Filmerfolge.

Während des Zweiten Weltkrieges wurde Grethe Weiser zum Fronttheaterdienst verpflichtet. Doch die gefragte Aktrice wirkte weiterhin in zahlreichen Filmen mit, obwohl sie sich weigerte, dem Vorstand der Reichstheaterkammer und somit der NSDAP-Arbeiterschaft beizutreten. Stattdessen schickte sie ihren Sohn – sein Vater war ja Jude – sicherheitshalber in ein ausländisches Internat und machte weiter. Warum auch immer, blieb sie vor weiteren Repressalien verschont und konnte unbeirrt weiterarbeiten. Ihr Ex-Mann Josef überlebte in Holland ebenso wie ihr Sohn in England. Nach Kriegsende und mit dem Filmproduzenten Hermann Schwerin liiert (den sie erst 1958 heiratete), gelangte Grethe zu den Hamburger Kammerspielen, wo sie die Hauptrolle der Mary Miller in dem Stück »*Das Kuckucksei*« spielte, welches später im ZDF gezeigt wurde. Doch ihre wahre Bestimmung fand die gebürtige Hannoveranerin als schlagfertige und energische »Berlinerin« in Filmen, die das deutsche Wirtschaftswunder wiedergaben, wenngleich die ganz großen Hauptrollen ausblieben.

Mit 67 Jahren und längst hoch geehrt – 1968 wurde die große Mimin mit dem Bundesverdienstkreuz ausgezeichnet –, verstarb Grethe Weiser am 2. Oktober 1970 in Bad Tölz nach einem schweren Verkehrsunfall an den Verletzungsfolgen. Sie fand in einem Ehrengrab in Berlin ihre letzte Ruhe.

Greten Handorf

Cuxhaven

Die Seefahrt ist männlich, so denken viele. In der Geschichte lassen sich indes zahlreiche »Frauen an Bord« nachweisen: von den Kriegerinnen der Antike, mutigen Wikingerinnen und berühmten Seeräuberinnen bis hin zu den ersten Maschinistinnen, Matrosinnen, Funkerinnen, Kapitäninnen oder den heutigen Seekadettinnen. Unter ihnen waren auch Reederinnen. In Niedersachsen ist hierzu Greten Handorf zu erwähnen, die als erste Reederin Cuxhavens die Elbfähre nach Brunsbüttelkoog betrieb. Die stillgelegte Fährverbindung, die Entfernung beträgt etwa 16 Seemeilen, nahm sie 1924 wieder in Betrieb. »Käptn Grete«, wie die mutige Reederin genannt wurde, galt als herzliches Raubein mit unglaublich lauter und markanter Stimme, das mit ihren Fährschiffen den regelmäßigen Verkehr nach Fahrplan zwischen den beiden Hafenstädten gewährleistete. Tagaus, tagein stand sie nun am Kutterhafen und verkaufte die Fahrkarten für ihre Fähre.

Geboren wurde Greten 1880 als Tochter eines Schuhmachers. Sie kam als junge Ehefrau und Mutter von Ditmarschen nach Cuxhaven, wo sie mit ihrer Familie, dem Krabbenfischer Hannes Handorf und einem kleinen Sohn, vom Brot-, Krabben- und Fischverkauf lebte. Als Hannes teilweise arbeitsunfähig wurde, übernahm Greten die Aufgabe, künftig für den Unterhalt der Familie zu sorgen, zunächst als Schiffslotsin, dann mit Fährdiensten auf einem umgebauten Krabbenkutter, der 45 Personen fasste und auf ihren Namen getauft wurde. Die Linie wurde zum Erfolg, dank der steigende Zahl von Touristen und Badegästen. Doch die »Grete« wurde bald zu klein für die Ströme von Passagieren. Bald kam ein weiterer zur Flotte hinzu, der Kutter »Anne-Marie«. 1926 kaufte sie, mutig, unkonventionell und tatkräftig, wie sie beschrieben wird, zudem noch den Schleppdampfer »Mercur« hinzu, der über 180 Passagiere aufnehmen konnte, ebenso Stückgut und zwei Autos. Die Konzession dafür, die Elbe damit überqueren zu dürfen, erstritt sie sich höchst persönlich in Berlin. Nun fuhr sie zweimal täglich, sonntags dreimal, und unterstützt durch die elbangrenzenden Kommunen, die an dem Fährbetrieb großes Interesse zeigten und mittels öffentlicher Gelder für ihr Auskommen sorgten, die Strecke elbaufwärts und wieder -abwärts. Manchmal schipperte sie gar bis Helgoland.

Bis 1938 sollte Greten Handorf die Reederei betreiben, dann übergab sie an die Hamburg-Amerikanische Packetfahrt-Actiengesellschaft (HAPAG).

Greten Handorf verstarb 1944.

Hannah Arendt

Hannover

Zahlreiche Veröffentlichungen. Vielfache Ehrungen: Die deutsch-amerikanische Philosophin Johanna Arendt darf in einem Band über Frauen in Niedersachsen nicht fehlen, denn sie wurde im Oktober 1906 am Lindener Marktplatz in Hannover geboren. Als Hannah, wie sie gerufen wurde, drei Jahre alt war, kehrte die aus Königsberg stammende jüdische Familie zurück in ihren Heimatort, wo das Mädchen eine aufgeklärte, reformjüdische und bildungsnahe Erziehung erfuhr – schon früh las es philosophische Texte.

Hannah Arendt legte als Externe 1924 ihr Abitur ab. Anschließend studierte sie in Marburg, Freiburg und Heidelberg Philosophie, Theologie und Altphilologie. Sie verliebte sich in den 17 Jahre älteren und verheirateten »Rebell der Philosophie« Martin Heidegger. Die Liebesbeziehung blieb in der Öffentlichkeit unbemerkt und wurde erst 1982 in einer Biografie erstmals thematisiert. Doch Hannah verließ den Mann, bei dem man das »Denken lernen konnte« nach zwei Jahren. Ihre bald darauf geschlossene Ehe mit seinem Schüler Günther Stern (später Günther Anders) hielt acht Jahre.

1928 promovierte Arendt in Heidelberg bei dem Philosophen Karl Jaspers mit der Schrift »Der Liebesbegriff bei Augustin. Versuch einer philosophischen Interpretation«. 1933 wurde sie wegen zionistischer Arbeiten in Berlin verhaftet. Nach ihrer Freilassung floh sie zunächst nach Paris, wo sie ihren Band »Rahel Varnhagen. Lebensgeschichte einer deutschen Jüdin aus der Romantik« fertig schrieb. 1941 gelang der jungen Jüdin zusammen mit ihrem zweiten Ehemann die Flucht in die USA. Dort war sie als Journalistin, Kolumnistin, Dozentin und später auch als Professorin tätig und arbeitete zudem bei der

»Commission on European Jewish Cultural Reconstruction«. Fünf Jahre nach Kriegsende bereiste sie Europa, wo Hannah sowohl ihren Doktorvater als auch ihren ehemaligen Geliebten wiedertraf, der sich einst zum Nationalsozialismus bekannt hatte. Aus ihrer erneut aufflammenden Liebe wie den weltanschaulichen Differenzen sollte sich schließlich eine der kontroversesten Diskurse über die Entwicklung des 20. Jahrhunderts entspannen – sie schrieben damit Philosophiegeschichte. Große Aufmerksamkeit erfuhr Hannah Arendt auch als Autorin, wie etwa mit ihrem 1963 erschienenen Band »Eichmann in Jerusalem« über den Eichmann-Prozess, dem sie als Beobachterin beisaß.

Hannah Arendt verstarb mit 69 Jahren im Dezember 1975 in New York. Zahlreiche Auszeichnungen belegen die hohe Ehre, die die Philosophin bis heute genießt. Hannover erinnert etwa mit dem Hannah-Arendt-Haus – eine Bibliothek und zugleich Ort der Begegnung – an die große Tochter der Stadt.

Hedwig Bollhagen

Hannover

Ein Leben für die Keramik – so lässt sich der Weg von Hedwig Bollhagen in einem Satz zusammenfassen, denn sie gilt als eine der wichtigsten deutschen Keramikerinnen des 20. Jahrhunderts – das Goethe-Institut kürte sie 2006 unter die zehn besten deutschen Designer des Landes.

Bereits als kleines Mädchen hatte die gebürtige Hannoveranerin Jahrgang 1907 ein ausgeprägtes Faible für ihr kleines Puppengeschirr. Nach dem Besuch eines hannoverschen Lyzeums absolvierte Bollhagen zunächst ein Praktikum in einer Töpferei, ab 1925 besuchte sie die Keramik-Fachschule in der Kannenbäckerstadt Höhr-Grenzhausen – einer der berühmten Standorte keramischer Ausbildungsstätten in Europa. Bald wurde hier ihr großes Talent entdeckt und fortan gefördert – bereits nach fünf Studiensemestern trug man ihr die Leitung der Malklasse an, die sie vier Jahre lang führte. Es folgten Stationen in diversen Unternehmen, so auch bei Rosenthal, in der Karlsruher Majolika Manufaktur und den Steingutfabriken Velten-Vordamm. 1934 übernahm die begabte Keramikerin die künstlerische Leitung der neu gegründeten HB-Werkstätten für Keramik in Marwitz, etwa 45 Kilometer nordwestlich Berlins. Der Betrieb trat die Nachfolge der aufgrund der politischen Entwicklungen liquidierten Werkstätten der jüdischen Unternehmerin und Bauhausschülerin Margarete Heymann-Loebenstein an, die Haël-Werke, welche bis dahin Gebrauchsgeschirr und Baukeramik hergestellt hatten.

Nach Ende des Zweiten Weltkrieges übernahm Hedwig Bollhagen die Führung der Werkstätten, die 1972 schließlich verstaatlicht wurden. Sie hatte bis zur Reprivatisierung die künstlerische Leitung inne und blieb bis kurz vor ihrem Tod 2001 tätig. Als Anfang der 2000er-Jahre die Gründung eines Museums, welches ihren Namen tragen sollte, geplant wurde, standen plötzlich Arisierungsvorwürfe im Raum, die durch ein Gutachten des Zentrums für Zeithistorische Forschung widerlegt werden konnten. Darin wird Bollhagen attestiert, dass sie zwar vom Zwangsverkauf der einstigen Haël-Werke profitiert hatte, in ihr aber keine Anhängerin oder Förderin des Nationalsozialismus zu sehen sei. Das Hedwig-Bollhagen-Museum ist heute im Ofen- und Keramikmuseum Velten zu finden. Hier stehen die Entwicklungsgeschichte und das Werk der gebürtigen Hannoveranerin, die auf dem Stöckener Friedhof ihrer Heimatstadt ihre letzte Ruhe gefunden hat, im Fokus: schlichtes, zeitloses Alltagsgeschirr in einer künstlerischen Melange aus »Bauernhof und Bauhaus«, mit geometrischen Mustern, blau-weißen und blau-gelben Streifen.

Hedwig Kettler

Hannover

»In der Wiege sind unsere Töchter nicht unwissender als unsere Söhne, sie sind es erst jetzt, nachdem sie erzogen sind.«

In diesem einen Satz steckt das große Streben der Frauenrechtlerin Hedwig Kettler. Sie kämpfte für ein in ihren Augen elementares Menschenrecht: gleiche Bildungs- und Berufschancen für Mann und Frau, Arm und Reich. Ihre Haltung dazu, welche die Idee einer natürlichen Bestimmung zur Mütterlichkeit oder die Einschränkung von Frauen auf pädagogische und soziale Berufe radikal ablehnte, machte sie zu einer mutigen und beharrlichen Kämpferin im deutschen Kaiserreich – mit Erfolg. Heute gilt sie als Begründerin des ersten deutschen Mädchengymnasiums. Der Weg dahin war für die im September 1851 in Hamburg-Harburg geborene Hedwig Friederike Karoline Auguste Reder, Tochter eines gut situierten Eisenbahnbaubeamten in hannoverschen Diensten, nicht vorhersehbar. Wohl durfte das Mädchen eine Höhere-Töchter-Schule besuchen, später sogar eine Kunstakademie. Doch das sollte es dann in Sachen Bildung auch schon gewesen sein. Ein richtiges Hochschulstudium lag in Deutschland noch in weiter Ferne. Sie heiratete ihren Vetter Julius Kettler, wurde Mutter von zwei Töchtern und engagierte sich fortan für die Frauenbewegung und für die Öffnung der Knabengymnasien für die Mädchen. Sie vertrat die Meinung, dass der Vergleich von männlicher und weiblicher Intelligenz nur unter denselben Bedingungen möglich sei und nur dann eine Aussage zur »Natur der Frau« getroffen werden könne.

Das Ehepaar zog 1881 ins Badische, wo Julius als Journalist und Statistiker tätig war. Die Ehe galt als ausgesprochen glücklich und harmonisch. Das liberale Baden war ein idealer Nährboden für Hedwig Kettlers Belange. Nachdem sie für jede eingereichte Petition bislang eine herbe Abfuhr erfahren musste, zeigte man sich hier ihren Ideen zur Förderung der Mädchenbildung gegenüber aufgeschlossener: Wenn auch die Koedukation noch nicht möglich war, so wurde immerhin 1893 in Karlsruhe das erste deutsche Mädchengymnasium eröffnet, welches vom »Deutschen Frauenverein Reform« – Hedwig war Gründerin und jahrelang Vorsitzende – organisiert und finanziert wurde. Sechs lange Jahre später war es auch in Norddeutschland endlich so weit: 1899 öffnete das »Mädchengymnasium zu Hannover« seine Pforten – in Form von Gymnasialkursen an einer Oberrealschule, heute die »Sophienschule«. Weitere Schulgründungen folgten bald in Berlin, Bremen, Breslau, Köln und Leipzig.

Ab 1921 in Berlin ansässig, war Hedwig Kettler fortan als Lektorin und Autorin, teils unter dem Pseudonym Gotthard Kurland, tätig und verstarb daselbst 1937.

Helene Charlotte von Bothmer

Isernhagen

Ihr Auftritt sorgte für Schlagzeilen. Im Oktober 1970 wagte Helene Charlotte von Bothmer, genannt Lenelotte, was sich vor ihr noch keine Frau getraut hatte: Sie trat im deutschen Bundestag mit einem cremefarbenen Hosenanzug gekleidet ans Rednerpult. Und das, obwohl sie bereits ein halbes Jahr zuvor vom amtierenden Vizepräsidenten desselben eine harsche Rüge hatte einstecken müssen, weil sie, ebenfalls in Beinkleidern, im Plenum erschienen war. Welch' unerhörtes Gebaren! Die Entrüstung unter den Anwesenden war gewaltig, und der Vize erklärte ihr, dass er keiner weiblichen Abgeordneten einen solchen Auftritt gestatten würde, schon gar nicht am Rednerpult. Lenelottes Widerstand war geweckt. Die bis dahin eigentlich passionierte Rockträgerin zog los, um sich genau jene cremefarbene Kombination zu kaufen, die ihr bald darauf uneingeschränkte Aufmerksamkeit von der Elbe bis zum Bodensee bescheren würde: Sie löste mit ihrem Auftritt einen bundesweiten Skandal aus, dem zahlreiche anonyme Briefe an die Adresse der fast 55-jährigen Politikerin folgen sollten, viele mit wenig schmeichelhaften Inhalten. In den Augen vieler deutscher Bürgerinnen und Bürger hatte die Politikerin mit ihrem revolutionären Auftritt den Namen des Vaterlandes beschmutzt. »Sie sind keine Dame!«, war vielleicht noch eine der eher harmlosen Äußerungen, »Sie sind ein unanständiges, würdeloses Weib!« klingt schon recht unfreundlich. Inwieweit die Kritik an Lenelotte von Bothmer, Historikerin, Germanistin, Anglistin und Mutter von sechs Kindern, mit dem Hosenanzug in Verbindung zu bringen ist oder vielleicht doch eher mit ihrer Gesinnung zu tun hatte oder nun schlichtweg zu befürchten stand, dass die bis dahin männliche Dominanz in der Welt der Politik ins Wanken geraten würde, mag dahingestellt bleiben. Doch in einer Zeit, in der es vor Hippies nur so wimmelte und Mungo Jerry ihren Welthit »In the Summertime« landete, wirkt dieser Aufschrei heute doch wie ein seltsamer Anachronismus. In den Augen mancher war die SPD-Abgeordnete eine »ganz disziplinlose Person«, gehörte ab 1969 dem Bundestag an und verblieb nach ihrem Auftritt noch zehn Jahre im Amt. Der Welt bleibt die gebürtige Bremerin indes weder als friedenspolitisch engagierte Frau oder Vorsitzende des Bundes für Naturschutz und Landschaftspflege in Erinnerung noch für ihre klugen Worte, sondern weil sie im Bundestag einen Hosenanzug trug und sich somit über die Kleiderschranken in der Politwelt hinwegsetzte. Später, als sie ihren Ruhestand genoss, machte sie allerdings erneut von sich reden – als Autorin mehrerer Kinderbücher und Theaterstücke.

Helene Charlotte von Bothmer verstarb 1997 in Isernhagen bei Hannover.

Helene Hartmeyer

Rotenburg (Wümme)

Im Dezember 1904 kam es in der renommierten Heil- und Krankenpflegeanstalt Bethesda in Hamburg zu einem Eklat. Die amtierende Oberin Helene Hartmeyer, 50 Jahre alt, musste ihren Hut nehmen – der Vorstand hatte sie fristlos entlassen. Innerhalb von nur 24 Stunden musste sie das Haus verlassen. Zu groß waren die Differenzen bezüglich der Ausrichtung und Ausübung ihres Berufes geworden: Der Aufsichtsrat drang auf lukrativere Pflegemaßnahmen, das Credo Hartmeyers wie das ihrer Kolleginnen, den evangelischen Diakonissen, die nach dem Vorbild des katholischen Ordens der Barmherzigen Schwestern lebten und arbeiteten, aber lautete »Pflege im Dienste der christlichen Barmherzigkeit«.

Aus Protest gegen ihre Kündigung folgten Hartmeyer im April 1905 62 weitere Schwestern nach Rotenburg (Wümme). Dort führten sie den 1877 gegründeten »Verein zur Pflege Epileptischer« weiter und legten damit den Grundstein zu einer der größten diakonischen Einrichtung Norddeutschlands für geistig Behinderte, heute die »Rotenburger Werke der Inneren Mission«. Nach Schaffung eines neuen Mutterhauses initiierte Hartmeyer auch den Bau eines neuen Krankenhauses, der Kirche »Zum Guten Hirten« und weiterer Gebäuden. Sie schuf zudem Ausbildungszentren für Krankenpflege und sozialpädagogische Berufe – immer in Einheit mit pädagogischer Arbeit, christlicher Lehre und Seelsorge, heute alles zusammengenommen noch immer gültige Trias in der Tradition der Schwesternschaft. Sie galt als begnadete Pädagogin.

»Vergiss niemals, dass du nicht alleine das leibliche Elend lindern sollst, gedenke daran, dass die Seele der Barmherzigkeit die Barmherzigkeit mit der armen Seele ist«, so die gebürtige Kielerin, die im Januar 1854 in der Stadt an der Ostsee in eine Juristenfamilie hineingeboren wurde. Sie wuchs ohne den Vater auf, der die Familie ernähren sollte; er starb, als das Mädchen gerade mal zwei Jahre alt war. Die früh verwitwete Mutter vor Augen, entschied Helene, auf eigenen Füßen stehen zu wollen. 16-jährig trat sie eine Stelle als Erzieherin in Dortmund an, kehrte nach einigen Jahren jedoch nach Kiel zurück. Weil die Schulbehörde ab 1865 nur noch Lehrkräfte mit einer abgeschlossenen Seminarausbildung einstellte und ein befreundeter Pastor, der die Nachfolge der Oberin in Bethesda zu regeln hatte, sie allzu sehr bedrängte, entschied sich Helene 35-jährig noch für eine Ausbildung zur Krankenpflegerin. Im Januar 1891 wurde sie zur Diakonisse eingesegnet und gleichzeitig in das Amt der Oberin eingeführt, welches ihr schließlich über 13 Jahre lang oblag.

Helene Hartmeyer war von zarter Statur, vom schweren Asthma geplagt und von der Gicht gezeichnet, als sie am 21. Februar 1920 hoch geehrt verstarb.

Helene Lange

Oldenburg

Geburt im Revoutionsjahr 1848. Mit acht Jahren Halbwaise, als die Mutter an Tuberkulose starb, neun Jahre später ging auch der Vater. Der für sie bestellte Vormund schickte das Mädchen als Pensionstochter in einen süddeutschen Pfarrhaushalt nahe Reutlingen. Helene Lange wurde nichts geschenkt. Der Traum, sich als Lehrerin ausbilden zu lassen, blieb ihr lange verwehrt, doch sie setzte sich neue Ziele. Als Internatsschülerin im Elsass nutzte die junge Frau die Zeit, um sich umfassend mit Philosophie, Literatur- und Religionsgeschichte, Geschichtswissenschaft und alten Sprachen zu befassen. 1871 zog sie fürs Lehrerinnenexamen nach Berlin, bestand und arbeitete anschließend zunächst als Hauslehrerin, dann als Lehrkraft an Höheren-Töchter-Schulen. Helene Lange hatte ihre Bestimmung gefunden: Die männliche Vormundschaft wie die Begrenzung ihrer Bildungsmöglichkeiten ließ ihr Herz nicht nur für die Frauenbewegung schlagen, sondern vor allem für die Mädchenbildung: Mit den von ihr gegründeten privaten Gymnasialkursen konnten Mädchen erstmals 1896 das Abitur ablegen. Sie verfasste zusammen mit fünf anderen Frauen »Die höhere Mädchenschule und ihre Bestimmung. Begleitschrift zu einer Petition an das preußische Unterrichtsministerium und das preußische Abgeordnetenhaus«, reichte diese am 9. Januar 1888 ein – sie sollte als »Gelbe Broschüre« in die Geschichte der Bewegung eingehen. Darin übten die Verfasserinnen harsche Kritik an den bestehenden Lehrplänen, forderten für lehrende Frauen eine wissenschaftliche Ausbildung und gerechte Bildungschancen auch für Mädchen.

Lange gründete zudem den »Allgemeinen Deutschen Lehrerinnenverein« (ADLV) als Interessenvertretung der weiblichen Unterrichtenden und übernahm den Vorsitz.

Auch die Zeitschrift »Die Frau«, die sich zur bedeutendsten Zeitschrift der bürgerlichen deutschen Frauenbewegung entwickelte, war ihr Werk. Ab 1893 war sie im Vorstand des Allgemeinen Deutschen Frauenvereins (ADF) tätig, bald darauf auch im neu gegründeten »Bund Deutscher Frauenvereine« (BDF), dem Dachverband aller deutschen Frauenverbände. Als 1908 schließlich die preußische Mädchenschulreform in Kraft trat, war das ein wesentliches Verdienst der gebürtigen Oldenburgerin. Als Frauen 1918 endlich das aktive wie passive Wahlrecht gewährt wurde, ließ sie sich für die Deutsche Demokratische Partei (DDP) aufstellen. Ihr wurden die Ehrendoktorwürde für Staatswissenschaften der Universität Tübingen sowie die große preußische Staatsmedaille verliehen.

Helene Lange gilt heute als eine der wichtigsten Vertreterinnen des gemäßigten Flügels der deutschen Frauenbewegung und verstarb am 13. Mai 1930 in Berlin.

Hermine und
Helene Edenhuizen

Krummhörn

Ob Anna Goslar aus Celle, Paula Tobias in Bevern, Johanne Otto und Friederike Oberdieck aus Peine oder die Schwestern Hermine und Helene Edenhuizen aus der Nähe von Emden, sie alle zählen zur ersten Riege junger deutscher Ärztinnen aus dem Gebiet des heutigen Bundeslandes Niedersachsen. Sie waren Pionierinnen ihrer Zeit, die teilweise ihre Examina im Ausland ablegen mussten – im Jahr 1900 gab es für Frauen erstmals in Baden die Möglichkeit des vollen Zugangs zum Universitätsstudium. Stellvertretend für alle, die mit ihrem Mut und Kampfeswillen somit einst Medizin- und Frauengeschichte geschrieben haben, mögen hier die Lebenswege der ostfriesischen Schwestern kurz skizziert werden: Beide wurden früh mit dem Arztberuf vertraut gemacht – der Vater aus einer Familie wohlhabender ostfriesischer »Plaatsbesitzer« war Landarzt mit Sitz auf Burg Pewsum bei Krummhörn nahe Emden, der sogenannten Manningaburg, auf der er ein Geburtshaus unterhielt. Hermine wurde dort am 16. März 1872 als viertes Kind geboren. Nach verschiedenen Schulbesuchen in der Region und einem Aufenthalt in einem Mädchenpensionat besuchte sie ab 1984 einen privaten Gymnasialkurs, vier Jahre später machte sie Abitur. Mutter Afke und Vater Martinus waren bereits verstorben, als Hermine trotz Widerständen seitens der Verwandtschaft ihr Medizinstudium in Berlin aufnahm. Es folgten Stationen in Zürich, Halle und Bonn – stets begleitet von nicht immer nur wohlwollenden Professoren, die ihr für ihre Vorlesungen und Seminare Sondergenehmigungen erteilen mussten. 1903 bestand sie ihr Examen mit summa cum laude. Daran schlossen sich die Assistentinnenzeit, Facharztausbildung und schließlich Niederlassung in Berlin an: Hermine gilt heute als erste offiziell anerkannte niedergelassene Frauenärztin in Deutschland. 1912 heiratete sie Otto Heusler, einen fortschrittlich denkenden Kollegen, mit dem sie gemeinsam zwei Kinder großzog – und weiterarbeitete. Sie engagierte sich unter anderem in der Frauenbewegung, der Helene-Lange-Stiftung und dem Akademikerinnenbund. Hermine Heusler-Edenhuizen verstarb 83-jährig im November 1955 in Berlin.

Helene war die Jüngste in der Familie Edenhuizen und wurde am 31. März 1880 geboren. Ihre Schulbesuche waren nach ähnlichem Muster, danach studierte sie in Göttingen, Marburg und Freiburg Medizin und legte 1912 das Staatsexamen ab. Zwei Jahre später erhielt sie die Approbation und wirkte zeitweise in Berlin. Von 1926 bis 1935 war sie als Kinderärztin in Leer tätig. Wegen einer schweren Erkrankung verzog Helene Edenhuizen nach Norden, wo sie bis zu ihrem Tod im März 1945 bei und mit ihrem Bruder Bernhard, einst Chirurg und Chefarzt am Kreiskrankenhaus, lebte und arbeitete.

Hildegard Braukmann

Großburgwedel

Mit ihren Kosmetikprodukten pflegen sich Frauen rund um den Globus, mit ihrer Stiftung unterstützt sie bis heute die Medizinische Hochschule Hannover (MHH): Hildegard Braukmann war eine ungewöhnlich innovative Unternehmerin in Großburgwedel nahe Hannover, deren Erbe bis heute von großer Bedeutung ist.

Geboren im Dezember 1912 im westfälischen Hamm, machte sich Braukmann bereits mit 23 Jahren in Berlin selbstständig. Mit Genehmigung der britischen Militärregierung konnte sie nach Kriegsende 1945 in Uslar beruflich erneut Fuß fassen und ihr Gewerbe wieder aufnehmen. 1962, inmitten der Zeiten des deutschen Wirtschaftswunders, gründete sie in der niedersächsischen Kleinstadt Großburgwedel ein Kosmetikunternehmen, welchem sie zugleich auch ihren Namen gab. Sie hatte dazu klare fachliche Visionen und war davon überzeugt, dass die Erhaltung von Schönheit und Gesundheit der Haut nirgends besser aufgehoben sein könne als in den Händen der Natur selbst, so die Info auf der Homepage des Unternehmens. Von Anfang an setzte sie demnach auf den sanften und wohltuenden Effekt von Kräutern und Heilpflanzen: Ihre Produkte sollten natürlich und möglichst ganzheitlich wirken. Das Konzept ging auf, die versierte Kosmetikerin hatte mit ihrer Firma großen Erfolg, und erst 1990, mit 78 Jahren, gab sie die Leitung des Unternehmens auf, welche sie zusammen mit ihrem Ehemann Albert Wittenberg jahrzehntelang innehatte.

Bereits Ende der 1980er-Jahren hatten sie beide gemeinsam die Braukmann-Wittenberg-Herz-Stiftung ins Leben gerufen, die mit 30 Millionen Euro – bis dahin höchste Stiftungssumme für die MHH aus privater Hand – seitdem klinische Forschungsarbeiten und Lehrtätigkeiten auf dem Gebiet der Herz- und Kreislauferkrankungen sowie Gefäßerkrankungen fördert. Sie wurde am 12. März 2003 während einer festlichen Präsentation vorgestellt, bei der auch die Entstehungsgeschichte preisgegeben wurde. Demnach musste Albert Wittenberg 1982 in Hannover in der MHH am Herzen operiert werden – mit Erfolg. »Die Herzklappen-Operation hat es Albert Wittenberg ermöglicht, noch bis 1990 im eigenen Kosmetikunternehmen aktiv mitzuwirken und weitere acht glückliche Jahre mit seiner Ehefrau zu verbringen«, so der Nachlassverwalter Karsten Schmieta. Von Freunden wird Hildegard Braukmann als großartige Frau beschrieben, die »offen, ehrlich und fast sparsam« lebte. Mit ihrem Mann wollte sie stets im Stillen Gutes tun.

Die bescheidene Unternehmerin, Kosmetikerin und Stifterin, die kaum je öffentlich groß in Erscheinung trat, verstarb 88-jährig im September 2001.

Iris Anna Runge

Hannover

Ein Mädchen aus bestem Hause: der Vater Carl Runge Mathematikprofessor, die Mutter Aimée du Bois-Reymond Spross einer hugenottischen Familie, aus der zahlreiche Wissenschaftler hervorgegangen sind. Iris Anna Runge hatte beste Voraussetzungen für ein privilegiertes Leben – und nutzte sie, wenn auch nicht im klassischen Sinne jener Zeit.

Geboren im Juni 1888 in Hannover in eine weltoffene und bildungsbürgerlich orientierte Familie, in der auch Frauenbildung ausdrücklich erwünscht und gefördert wurde, legte die junge und mathematisch begabte Hannoveranerin 1906 als eines von 268 Mädchen im gesamten deutschen Reich die Abiturprüfung ab. 1908 schrieb sie sich an der Universität Göttingen ein, wo mittlerweile ihr Vater lehrte. Sie belegte die Fächer Physik, Mathematik und Geografie mit dem Ziel, Lehrerin zu werden. 1912 legte sie ihr Staatsexamen ab, es erfolgte das Referendariat und schließlich Anstellungen in Leipzig, Göttingen, Bremen und dem thüringischen Haubinda. Zum Wintersemester 1918 schrieb sie sich erneut an der Hochschule ein – für ein Chemiestudium. Zugleich wurde Runge politisch aktiv und machte sich für die SPD wie die Frauenbewegung stark. Zwei Jahre später bekam sie eine Anstellung an der Reformschule Schloss Salem am Bodensee.

Im Jahr 1922 wurde Iris Runge mit ihrer Arbeit »Über Diffusion im festen Zustande« promoviert. Die mündliche Prüfung, die sie mit »sehr gut« ablegte, umfasste die Fächer Physikalische Chemie, Physik und Angewandte Mathematik. Sie gab den Lehrberuf auf. Der weitere Weg führte die Wissenschaftlerin nach Berlin-Moabit, wo sie im März 1923 bei Osram als Industriephysikerin und -mathematikerin eine Stelle im Forschungsbereich antrat. Fortan befasste sie sich mit Glühlampen und Rundfunkröhren. Als diese Abteilung von Osram 1939 (damals größte Röhrenfabrik Europas mit etwa 8.000 Mitarbeitenden) von Telefunken übernommen wurde, ging auch Runge mit und arbeitete fortan 22 Jahre lang im Labor. Zusammen mit Gleichgesinnten unterstützte sie in jener Zeit Familien von inhaftierten NS-Regimegegnern. Nach Kriegsende wurde Runge eine von drei Assistentinnen am Institut für Theoretische Physik an der Mathematisch-Naturwissenschaftlichen Fakultät der Humboldt-Universität zu Berlin, zudem arbeitete sie halbtags bei Telefunken. 1947 erhielt sie die Lehrerlaubnis als Dozentin für Physik und schließlich eine Professur mit Lehrauftrag, 1952 erfolgte die Emeritierung. Iris Anna Runge, die auch publizistisch tätig war, zog 1965 zu ihrem Bruder nach Ulm, wo sie mit 77 Jahren verstarb.

Johanna Stegen

Lüneburg

Der Name Johanna Stegen ist eng mit der Geschichte der Befreiungskriege verknüpft, als sich napoleonische Truppen auf der einen Seite und Füsiliere und freiwillige Jäger des 1. Pommerschen Infanterieregiments auf der gegnerischen Seite am 2. April 1813 in Lüneburg feindlich gegenüberstanden. Johanna, eine junge, patriotisch gesinnte Frau, gelangte als »Heldenmädchen von Lüneburg« zu großer Berühmtheit, als sie die preußische Armee darin unterstützte, ihre Stadt im Gefecht zu verteidigen: Sie sammelte aus einem von den Franzosen zurückgelassenen umgekippten Wagen Patronen auf und trug diese in mehreren »Fuhren« in ihrer Schürze zum heimischen Bataillon, dem die Munition auszugehen drohte. Johannas mutiges Eingreifen in die Schlacht soll den so von ihr unterstützten Truppen den Sieg über den Feind unter dem Kommando von General Joseph Morand beschert haben.

Wie viel von dieser Geschichte tatsächlich wahr ist oder was davon vielleicht ins Reich der Legenden gehört, sei hier dahingestellt. Fakt ist, dass Morand versucht hatte, den Befehl des französischen Vizekönigs auszuführen und die Stadt, nachdem es der Bevölkerung nicht gelungen war, sich gegen die französischen Besatzer zur Wehr zu setzen und er zunächst den Rückzug antreten musste, erneut »zu besetzen und dort ein Strafgericht abzuhalten«. Vergebens, wie es heute in den Geschichtsbüchern nachzulesen ist: Die kläglichen Reste der französischen Division mussten sich schließlich ergeben und der General erlag wenige Tage später seinen im Kampf erworbenen Verletzungen.

Johanna, 1793 als Tochter des Salzsieders Peter Daniel Stegen und dessen Ehefrau Sophia Rahel im Lüneburger Sülzviertel geboren, überlebte den Einsatz – trotz einer von den Franzosen für sie ausgesetzten Kopfprämie. 1817 heiratete sie in Berlin den preußischen Unteroffizier Wilhelm Hindersin, später königlicher Oberdrucker im Kriegsministerium. Viel mehr ist über sie nicht bekannt. Doch noch heute wird ihrer regelmäßig erinnert, Straßen tragen ihren Namen, und so mancher Literat fühlte sich einst durch ihre Taten bemüßigt, der mutigen Frau ein schriftliches Denkmal zu setzen, so auch der deutsche Dichter Friedrich Rückert, der über sie schrieb: »… ja die aufgefaßte Schürze, raffte sie behendlich ein, trug die köstlich theure Würze ihnen in das Glied hinein. Schnell geleeret ward die Schürze und verschossen auf den Feind, dem die eigne gute Würze uebel zu bekommen scheint …«

Johanna, das »Heldenmädchen«, verstarb 1842 in Berlin und bekam ein Ehrengrab auf einem Friedhof der Sophiengemeinde in Mitte, welches heute dort noch immer zu finden ist.

Johanna Charlotte Unzer

Helmstedt

Als »Zieglerin« wurde sie bekannt: Johanna Charlotte Unzer, deutsche Dichterin, Autorin, Philosophin und seltene weibliche Vertreterin der Aufklärung. Ihr Ziel war es, die Bildung von Frauen zu fördern und mit lesbaren Darstellungen der Wissenschaften möglichst viele Leserinnen zu erreichen. Mit Erfolg, bereits zu ihren Lebzeiten waren ihre Publikationen so gefragt wie beliebt. Ihr Hauptwerk »Grundriß einer Weltweisheit für das Frauenzimmer«, gezielt für eine weibliche Leserschaft verfasst, stellt einen philosophischen Grundlagentext samt Erläuterungen dar und wird noch heute in Schulen als Lektürevorschlag zu den Entstehungs- und Rezeptionsbedingungen der Literatur seit der Mitte des 18. Jahrhunderts auf den Titellisten geführt. Zudem gilt Unzer als Vertreterin der anakreontischen Dichtung, eine galant-verspielte Stilrichtung, die sich der Lebensfreude widmet und Schwerpunkte bei Themen wie Liebe, Freundschaft, Natur, Wein und Geselligkeit setzt. »Macht's wie ich und liebet!«, schrieb sie etwa in einem ihrer lyrischen Texte, »... doch liebet nicht nur Männer: Liebet auch die Tugend; liebet schöne Bücher; stimmet auch die Saiten; dichtet schöne Lieder; singet von der Liebe!«

Geboren wurde Johanna Charlotte im November 1725 in Halle an der Saale als Tochter des pietistisch geprägten Musikdirektors und Organisten der einstigen Ulrichskirche Johann Gotthilf Ziegler und seiner Gemahlin Anna

Elisabeth Krüger. Mit 25 Jahren ehelichte sie den Arzt und Autor Johann August Unzer aus der bekannten halleschen Medizinerdynastie und ging mit ihm nach Hamburg, wo er eine Praxis betrieb. Gemeinsam siedelten sie bald darauf ins dänische Altona über, das sich gerade zu einem Zentrum der Aufklärung in Norddeutschland mauserte. Hier absolvierte Johanna Unzer ihre ersten Auftritte und begann mit Vorträgen. Aufgrund ihrer Leistungen wurde die »Zieglerin« bereits mit 27 Jahren zum Ehrenmitglied der Deutschen Gesellschaften Göttingen und Helmstedt ernannt, die sich das Ziel gesetzt hatten, im gesamten Land die deutsche Sprache frei von Fremdwörtern oder durch regionale Dialekte geprägte Ausdrücke durchzusetzen. Die Göttinger Gesellschaft war 1738 als Dependance der Leipziger Gesellschaft nach dem Vorbild der »Académie française« gegründet worden und bestand bis 1791. Die Universität Helmstedt (1576 bis 1810) verlieh Unzer 1753 auch die kaiserlich privilegierte Dichterkrone mit dem Titel »Poeta Laureta«, eine Auszeichnung, die nur wenigen Frauen, so weit bis heute nachweisbar, zuteilwurde.

Johanna Charlotte Unzer verstarb mit 56 Jahren im Januar 1782 in Altona. In Hamburg ist eine Straße nach dem Ehepaar Johann & Johanna Unzer benannt.

Juliane zu Schaumburg-Lippe

Bückeburg

Zielgerichtet, umsichtig, unkonventionell, mutig und fortschrittlich, mit diesen prägnanten Adjektiven lässt sich das Wesen von Fürstin Juliane zu Schaumburg-Lippe gut beschreiben. Tatsächlich kämpfte sie an manchen Fronten, nicht nur für sich, sondern auch für das Wohl ihrer Untertanen.

Geboren 1761 im holländischen Zütphen als Tochter des Landgrafen Wilhelm Hessen-Philippsthal und seiner Gemahlin Ulrike wurde die 19-jährige Juliane mit dem beinah 40 Jahre älteren und verwitweten Philipp Ernst Graf zu Schaumburg-Lippe vermählt. Sie folgte ihm nach Bückeburg. Da keines seiner vier Kinder aus erster Ehe das Erwachsenenalter erreichte, hoffte er erneut auf Nachwuchs. Juliane gebar ihm in knapp sieben Ehejahren vier Kinder, darunter seinen Erben Georg Wilhelm. Als ihr Gemahl 1787 verstarb, musste Juliane »Haus und Hof« gegen hessische Besitzansprüche verteidigen, obwohl ihr vertraglich die Obervormundschaft zugesichert war, bis ihr unmündiger Sohn Georg Wilhelm das Zepter übernehmen würde. Beistand und Hilfe fand sie beim Kaiser und preußischen König und erhielt nach 61 Tagen ihr besetztes Land zurück.

Julianes Regentschaft gilt als besonders segensreich, hat sie sich doch ganz dem fortschrittlichen Gedanken der Aufklärung verschrieben. Unterstützung für ihre zahlreichen Vorhaben fand sie beim Mitvormund ihres Sohnes, dem Grafen von Wallmoden-Gimborn. Sie ließ Hofanlagen bauen und erweitern und Chausseen anlegen, setzte sich für die Volks- und Lehrerbildung ein und erneuerte somit das Schulwesen, sie brachte mehrere Reformen auf den Weg, etwa in der Land- und Forstwirtschaft, beim Militär sowie in Justiz und Steuerwesen. Desgleichen setzte sie sich für die Assimilation der jüdischen Bevölkerung ihres Landes ein und förderte musikalische Talente an ihrem Hof. Im Gesundheitswesen spielte sie ebenfalls eine wichtige Rolle. Zum einen berief sie fortschrittliche Mediziner an ihren Hof und reiste sogar mit ihrem einzigen Sohn nach Lausanne, um den jungen Erbgrafen von dem berühmten Arzt Tissot gegen die Pocken impfen zu lassen. Doch vor allem gilt sie heute als Gründerin des Kurortes Bad Eilsen, indem sie die »Stinkequellen«, sie zählen zu den besten Schwefelquellen in Europa, zu einem öffentlichen Bad ausbauen ließ. Fürstin Juliane erlebte indes nicht mehr, dass der Ort zu einem mondänen Heilbad avancierte: Sie verstarb nach einer schweren Erkältung am 9. November 1799 im Alter von nur 38 Jahren. Sie hinterließ vier Kinder aus erster Ehe, ihren (heimlichen) Lebensgefährten, Clemens August Freiherr von Kaas, sowie den illegitimen gemeinsamen Sohn Clemens Anton. In einem Mausoleum versteckt im Schaumburger Wald fand Juliane ihre letzte Ruhestätte.

Katharina von Hoya

Wienhausen

Wahrscheinlich kam Katharina von Hoya, die um das Jahr 1400 das Licht der Welt erblickte, bereits mit zwölf Jahren in das große Zisterzienserkloster in dem kleinen Heideörtchen Wienhausen, dem sie, vom Konvent dazu auserwählt, von Februar 1422 bis ins Jahr 1469 mit einer nur dreijährigen Unterbrechung als Kunst liebende Äbtissin vorstand und es leitete. Gleich zu Beginn ihrer Amtszeit initiierte sie eine rege Bautätigkeit am Kloster, angeregt durch eine Vision. Demnach erschien der blutjungen Äbtissin die heilige Anna, die ihren aufwendigen Lebensstil tadelte und ihr befahl, ein eigens für Katharina ausgebautes Wohnhaus zu einer Kapelle umbauen zu lassen. Ob nur eine schöne Geschichte oder tatsächlich so geschehen, die Chronik von Wienhausen verweist auf eine Urkunde von 1433, derzufolge ein Gebäude in der Nähe des Küsterhauses zur Annenkapelle umgewidmet wurde. Bekannt wurde Katharina von Hoya unter anderem durch das Wienhäuser Liederbuch, eine spätmittelalterliche Papierhandschrift und bestehend aus 40 Blatt, deren Entstehung derzeit in die spätere zweite Hälfte des 15. Jahrhunderts datiert wird. Es wird Schreiberinnen, darunter auch Katharina von Hoya, zugeschrieben. Es enthält 59 Lieder, 55 davon religiösen und vier weltlichen Inhalts. Einige Lieder sind in lateinischer Sprache, weitere auf Lateinisch-Niederdeutsch oder Niederdeutsch verfasst, heute wichtige Quellen zur Erforschung der Sprache. Zu den immer noch gebräuchlichen Kirchenliedern zählen etwa die Stücke »In dulci jubilo« oder »Wir wollen alle fröhlich sein«, allseits bekannt ist auch das darin enthaltene Kinderlied »Die Vogelhochzeit«.

Im Jahr 1469 endete Katharinas Zeit als Äbtissin. Der Reformer des Herzogs von Braunschweig-Lüneburg, Johannes Busch, ließ sie absetzen, da sich Katharina weigerte, geplante Änderungen im Kloster durchzuführen. Ohne Federlesens wurde sie ins Kloster nach Derneburg verfrachtet, währenddessen eine progressivere Kollegin ihre Abwesenheit nutzte und als Äbtissin eingesetzt wurde. Ein Jahr später kam Katharina zurück und blieb – als einfache Nonne. Vier Jahre später, im Februar 1474, verstarb sie und wurde im Kloster beigesetzt.

Die Freude der Eltern über Katharinas Ernennung zur Äbtissin soll groß gewesen sein. Der Vater ließ das Ereignis mit einem großen Markt feiern. Umsichtige Tourismusstrategen haben die Veranstaltung im späten 20. Jahrhundert neu entdeckt: Seit 1990 wird in Hoya regelmäßig im September der sogenannte Katharinenmarkt abgehalten, ein mittelalterliches Spektakel »für die ganze Familie mit Gauklern, fahrenden Händlern, Spielleuten und edlen Damen wie zu Zeiten der Grafen von Hoya«.

Katharina von Kardorff-Oheimb

Goslar

Viele Tätigkeiten und Attribute werden ihr bis heute zugeschrieben: von der engagierten Politikerin bis zur mondänen Salondame – und alle stimmen. Katharina Franziska Paula Maria, die sich mit Nachnamen zuletzt von Kardoff-Oheimb nannte, war so vielschichtig wie umtriebig. Geboren wurde sie als Katharina van Endert 1879, Tochter eines Möbel- und Seidenwarenfabrikanten in Neuss. Mit 19 Jahren heiratete sie, wurde mehrfache Mutter, aber ließ sich bald wieder scheiden. Der Industriellensohn Ernst Albert wurde ihr zweiter Ehemann und Vater ihrer weiteren Kinder, unter ihnen die Tochter Elisabeth, Urgroßmutter der allseits bekannten Schauspielerin Maria Furtwängler. Nach Ende des Ersten Weltkrieges wurde Katharina politisch aktiv und entwickelte sich zur leidenschaftlichen Frauenrechtlerin. Sie gilt heute als eine der führenden Repräsentantinnen der bürgerlichen Frauenbewegung und setzte sich für die Gleichberechtigung von Mann und Frau ein. Sie trat zudem der nationalliberalen Deutschen Volkspartei bei, war an der Gründung des »Nationalverbandes deutscher Frauen und Männer« beteiligt und engagierte sich bei so brisanten Themen wie Frauenbildung oder Mutterschutz. Mittlerweile durch eine erneute Heirat mit dem Rittmeister Hans Joachim von Oheimb (Albert war 1911 bei einem Absturz in den Bergen verstorben) in Goslar ansässig, machte sie Schulungen in Sachen »Frauenemanzipation«. Sie war eine der wenigen Frauen im Berliner Reichstag. In jener Zeit publizierte »die tolle Kathinka« nicht nur journalistische Texte, sondern gründete auch eine Zeitung und war nach ihren eigenen Worten als »politische Pädagogin« in Berlin tätig. Sechs Jahre, nachdem ihre dritte Ehe zerbrochen war, gab sie dem zeitweiligen Vizepräsidenten des Deutschen Reichstages, Siegfried von Kardorff, ihr Jawort. Katharinas Herz schlug aber auch für ihre Salons, in denen sie zahlreiche Kontakte pflegte. Sie gilt als Erfinderin des politischen »Damenfrühstücks« und war eine aktive Networkerin, wie man heute sagen würde. Doch sie und ihre Aktivitäten waren auch Ziel von Spott: Tucholsky etwa verfasste unter dem Pseudonym Theobald Tiger 1930 ein kritisches Gedicht mit dem Titel »An Frau von Oheimb«.

Mit der Machtübernahme der Nationalsozialisten verschwand Katharina von Kardoff-Oheimb von der politischen Bühne und trat erst im Herbst 1945 wieder in Erscheinung als Bürgermeisterin im uckermärkischen Ahrensdorf, wohin die leidenschaftliche Politikerin und Frauenrechtlerin bereits 1943 nicht nur wegen der Bomben, sondern auch wegen der Gestapo geflohen war. 1947 verzog sie, bereits seit zwei Jahren verwitwet, nach Düsseldorf, wo sie im März 1962 in ihrem 84. Lebensjahr verstarb.

Lale Andersen

Langeoog

Vor der Kaserne vor dem großen Tor,
stand eine Laterne und steht sie noch davor.
So wollen wir uns da wiedersehn, bei der Laterne wollen wir stehen
wie einst Lili Marleen, wie einst Lili Marleen ...

Ein Jahrhunderthit, welchen einst die Sängerin Lale Andersen mit ihrem unnachahmlichen Timbre in der Stimme um die Welt schickte! Das Lied »Lili Marleen« wurde 1939 zum ersten deutschen Millionenseller, schrieb ähnlich wie »White Christmas« oder »Yesterday« Schallplattengeschichte. Es avancierte, zeitweise täglich um 21.55 Uhr beim Soldatensender Belgrad in Europa zu hören, zum internationalen Soldatenlied – bis Reichspropagandaminister Joseph Goebbels es 1942 verbieten ließ. Die 1905 in Lehe bei Bremerhaven als Tochter eines Schiffsstewards geborene Interpretin, die eigentlich Liese-Lotte Helene Berta Bunnenberg hieß, wurde aus der Reichskulturkammer ausgeschlossen. Ihre Lieder durften nicht mehr im Rundfunk gesendet werden und sie selbst bekam Auftrittsverbot. Die BBC ließ bald verlauten, die Sängerin sei von den Nationalsozialisten in ein Lager gebracht worden, daraufhin wurden ihr einzelne Auftritte gestattet. »Lili Marleen« jedoch durfte sie nicht mehr öffentlich singen. Die später vom amerikanischen Time Magazine in die Liste der berühmten Persönlichkeiten des 20. Jahrhunderts aufgenommene Künstlerin zog sich auf die Nordseeinsel Langeoog zurück, bekam von den Kanadiern später eine einfache Wehrmachtsbaracke geschenkt, den die Sängerin zu ihrem geliebten und berühmten Sonnenhof umgestalten sollte – heute ein Domizil mit exklusiven Ferienwohnungen. Sie blieb den Rest ihres Lebens der Insel treu verbunden.

Nach Kriegsende konnte Lale Andersen ihre Arbeit wieder aufnehmen. 1949 heiratete die Künstlerin in zweiter Ehe den Schweizer Komponisten »Turi« Artur Beul, der für sie so berühmte Liedertexte wie etwa »Die Fischer von Langeoog« verfasste. 1972 veröffentlichte sie ihre Autobiografie und verstarb kurz darauf in Wien. Lale Andersen fand ihre letzte Ruhestätte auf dem Langeooger Dünenfriedhof, die Insel gedenkt der Künstlerin seit ihrem 100. Geburtstag im März 2005 mit einer Statue im Ort. Das Lied »Lili Marleen« (den Text dazu verfasste 1915 der Dichter Hans Leip, die Vertonung übernahm 1937 der Komponist Norbert Schultze, dessen GEMA-Einnahmen bis zum heutigen Tage dem Deutschen Roten Kreuz zufließen) ging vielfach übersetzt um die Welt. Und wann und wo auch immer nach 1945 auf der Welt ein Krieg ausbrach oder wieder ausbricht, »Lili Marleen« marschiert mit den Soldaten. Noch heute erklingt das Lied täglich um 22 Uhr im Soldatensender Radio Andernach.

Lou Andreas-Salomé

Göttingen

Femme fatale und Muse – Attribute, die Lou Andreas-Salomé nur teilweise gerecht werden. Wegen ihres zwanglosen Lebensstils in Göttingen als »Hexe vom Hainberg« verschrien, eröffnete sie 1914 eine psychoanalytische Praxis, die erste ihrer Art in der Stadt. Im Haus »Loufried« lebte und arbeitete sie, wenn auch nur zeitweise, ab 1903 bis zu ihrem Tod 1937. Gedenktafeln erinnern heute der ungewöhnlichen Frau, die weniger wegen ihrer Veröffentlichungen als vielleicht vielmehr ihrer Originalität und ihrer unkonventionellen Lebensführung wegen in das kollektive Kulturgedächtnis des Landes einging: Ihr Name wird heute vor allem mit dem berühmter Männer in Verbindung gebracht.

Geboren wurde Lou, eigentlich Louise von Salomé, die deutsch-dänisch-französische Wurzeln hatte, 1861 als Tochter eines wohlhabenden und weltoffenen Generals in russischen Diensten in Sankt Petersburg, wo sie in der feinen zaristischen Gesellschaft mit fünf älteren Brüdern aufwuchs und glückliche Kinder- und Jugendjahre verlebte. Obwohl das Mädchen einst die Konfirmation verweigert hatte und mit 16 Jahren aus der Kirche austrat, war es nach der Schule als Gasthörerin an der Universität Zürich für Theologie und Philosophie eingeschrieben. Doch sie musste abbrechen und im wärmeren Süden ihr Lungenleiden kurieren. Es folgten zahlreiche Reisen, die Lou, die sich später in Holland doch noch konfirmieren und auf diesen Namen taufen ließ, unter anderem auch nach Rom führten, wo sie auf Friedrich Nietzsche traf, der ihr – wie noch manch' anderer Mann – mehrere erfolglose Heiratsanträge machte. Dem 15 Jahre älteren Iranisten und Orientalisten Friedrich Andreas gab sie 1887 ihr Jawort, doch sie lebte weder in Berlin, wo 1887 ihr erstes Buch mit dem

Titel »Im Kampf um Gott« erschien, noch später in Göttingen, wo sie Hühner hielt und Gemüse anbaute, je mit ihm zusammen in einer Wohnung, nur im gleichen Haus. Die turbulente Ehe jedoch hielt über 40 Jahre.

Als Lou, die sich ihren Lebensunterhalt mit Romanen, Erzählungen, Essays und Theaterkritiken verdiente, 36 Jahre alt war, lernte sie den blutjungen Dichter Rainer Maria Rilke kennen, mit dem sie, obwohl verheiratet, später für einige Zeit zusammenlebte. Doch erst Sigmund Freud sollte ihr einer der wichtigsten Lebensbegleiter für die letzten 25 Jahre werden: Lou wurde 1912 mit über 50 Jahren seine Studentin und dieser riet ihr, Psychoanalytikerin zu werden, was sie 1915 mit der Gründung der ersten Göttinger psychoanalytischen Praxis auch umsetzte.

Lou Andreas-Salomé verstarb im Februar 1937. Ihre Urne wurde im Grab ihres Mannes auf dem Göttinger Stadtfriedhof bestattet.

Lisa Hausmann-Löns

Hannover

Sie war die Frau im Hintergrund und begnügte sich lange Zeit mit einem Dasein in der zweiten Reihe. Den Platz im Licht überließ Lisa Hausmann-Löns lieber ihrem Gatten Hermann Löns, der hierzulande als »Heidedichter« zu Ruhm und Ehre gelangte. Er, frisch geschieden, wollte, wie er es in einem Brief einst formulierte, nun eine Frau, die »Nietzsche versteht, die in religiöser Beziehung so denkt wie ich, so in Wind und Wetter draußen sein mag wie ich, die hübsch an Leib und Seele ist, keine fügsame Knechtsnatur, sondern auch ein ganzer Mensch ist«. Löns fand sie in der Journalistin und Autorin, Pazifistin und Frauenrechtlerin.

Geboren wurde Lisa (eigentlich Louise Dorette Karoline) als Tochter des im norddeutschen Raum bekannten Landschaftsmalers Gustav Hausmann und dessen Frau Johanne. Früh kulturell im Elternhaus geprägt, so wissbegierig wie zielstrebig, nahm sie nach der Schulzeit und einem Aufenthalt in England eine Stelle als Redaktionssekretärin in einem hannoverschen Zeitungsverlag an. Dort lernte Lisa auch Löns kennen, der ebenfalls bei der Zeitung tätig war und unter dem Pseudonym Fritz von der Leine Erfolge mit satirischen Lokalplaudereien feierte. Im Mai 1902 gab sie ihm ihr Jawort. Doch sie wurde damit mehr als nur seine Ehefrau. Bald übernahm Lisa Löns auch zahlreiche Arbeiten ihres Mannes, tippte seine Manuskripte ab, machte die Buchhaltung, verfasste eigene und übersetzte englische Texte ins Deutsche – sie sollte sich später noch einen Namen machen, auch wenn dieser heute fast in Vergessenheit geraten ist. 1906 wurde Lisa Mutter eines Sohnes namens Dettmer, den sie zeitlebens versorgte, da er behindert war. Die Ehe der Löns' scheiterte an Hermann Löns' Alkoholsucht, seinen zahlreichen amourösen Verstrickungen, seinen gewalttätigen und depressiven Neigungen. Es entfachte sich ein erbitterter Scheidungskrieg. Was er einst an ihr so mochte, verkehrte sich in Hass. Löns flüchtete vor Frau und Kind – und starb schließlich 1914 als freiwilliger Soldat im Ersten Weltkrieg.

Lisa Löns war mittlerweile mit Dettmer erst in Münster, dann in Jena ansässig. Sie veröffentlichte eigene Texte und war weiterhin als Übersetzerin tätig. Zudem focht sie um Löns' Erbe, das er seiner letzten Gefährtin hinterlassen hatte; sie waren bei seinem Tod noch nicht geschieden. In einem Vergleich bekamen Dettmer und sie daher 5/6 des Erbes zugesprochen. Lisa kümmerte sich fortan um den literarischen Nachlass ihres Mannes und bewährte sich dabei als kluge Verwalterin. Zuletzt lebte Lisa Hausmann-Löns mit Dettmer in Bad Oeynhausen, wo sie am 2. Dezember 1955 verstarb. In ihren Nachrufen wurde sie als erste Redakteurin und Berichterstatterin Deutschlands geehrt.

Lisa Korspeter

Celle

Lisa Korspeter, so kann man mit Fug und Recht sagen, war die Grande Dame der niedersächsischen SPD im Nachkriegsdeutschland. Geboren als Lisa Zwanzig am 31. Januar 1900 in Großörner im Mansfelder Gebirgskreis (heutiges Sachsen-Anhalt), verspürte die Tochter eines Bergwerkdirektors bereits in jungen Jahren: Ihr Herz gehörte den Minderheiten. So ließ sie sich nach dem Besuch des Lyzeums zunächst zur Kindergärtnerin ausbilden, danach studierte sie an der Sozialakademie in Düsseldorf, wo sie begleitend auch Milieustudien in Spinnereien und Seidenwebereien betrieb, und arbeitete schließlich als Jugendwohlfahrtspflegerin. Bereits 1928 wurde Lisa Mitglied der SPD. Nach ihrer Heirat mit dem hannoverschen Zeitungsredakteur und SPD-Mitglied Wilhelm Korspeter zog sie nach Bielefeld und saß dort bald für die SPD im Stadtrat. Zudem war sie in der Frauenarbeit tätig. In der NS-Zeit war ihr Mann, obwohl er eingezogen war, ständig im Visier der Gestapo, sie betrieb einen kleinen Lebensmittelladen. Nach dem Krieg zog Lisa mit ihrem Mann nach Magdeburg und beteiligte sich dort am Wiederaufbau der SPD mit einer Frauenorganisation. Die politische Entwicklung indes – die Zwangsvereinigung von SPD und KPD zur SED – und ihr Prostest dagegen zwang das Paar zu einem weiteren Umzug. Lisa und Wilhelm Korspeter flohen 1946 nach Hannover, wo sie von 1948 bis 1966 im Stadtrat im Gesundheits- und

Krankenhausausschuss saß. Die zarte und zierliche Frau (1,55 Meter) gehörte zudem seit dessen erster Wahl dem Deutschen Bundestag an und sollte mit ihrem Engagement als politisch aktive Frau zum Vorbild einer ganzen Generation werden. Sie zählt zu den Mitbegründerinnen der Arbeitsgemeinschaft sozialdemokratischer Frauen im Bezirk Hannover, war Mitglied sowohl im Zonenbeirat der Britischen Besatzungszone als auch im Wirtschaftsrat der Bizone. Schließlich gewann Lisa Korspeter auch das Direktmandat im Wahlkreis Celle und zog für die SPD in Niedersachsen ins Parlament ein. Sie wurde zur stellvertretenden Vorsitzenden in den Bundestagsausschüssen für Kriegs- und Verfolgungsschäden und Angelegenheiten der Heimatvertriebenen und Flüchtlinge gewählt.

1968, nach dem Tod ihres Mannes, zog die engagierte Politikerin nach Celle, wo sie bis ins hohe Alter im Rat (Sozial- sowie Jugendwohlfahrtsausschuss) saß. Sie war zudem im Vorstand des Allgemeinen Krankenhauses Celle und im Kuratorium des evangelischen Kinderheims. Ihr bewegtes politisches Leben und unermüdliches Engagement ließen Lisa Korspeter einige Ehrungen zuteil werden: Sie wurde etwa zur Ehrenpräsidentin im Bund der Mitteldeutschen gewählt, erhielt das Bundesverdienstkreuz und den Ehrenteller des Landkreises Celle.

Luzie Uptmoor

Lohne

Selbsporträt in blauer Bluse, um 1928/1935.

Verschollen: Das war das Los vieler junger Künstlerinnen und Künstler im 20. Jahrhundert, manche schon mit einem bekannteren Namen und dann von der NS-Ideologie überrollt und entwürdigt. Nach Kriegsende 1945 krähte meist kein Hahn mehr nach ihnen. Sie konnten beruflich oftmals kaum wieder Fuß fassen und fanden bestenfalls noch regionale Anerkennung. »Vergessene Generation« werden diese daher heute genannt. Dazu zählt auch Luzia Katharina Bernhardine Uptmoor – Kind des Oldenburger Münsterlandes. Als Tochter eines Arztes im November 1899 in Lohne geboren, wuchs Luzie, wie das Mädchen genannt wurde, behütet auf. Sie besuchte Mädchenpensionate, und wie für viele Töchter jener Zeit war das Ziel ihrer Ausbildung die Heirat, doch sie blieb nach Ende der Schulzeit zehn Jahre lang Haustochter im elterlichen Heim. Hier lernte sie den Düsseldorfer Maler und Bildhauer Peter Ludwigs, Mitglied des Künstlerkreises »Junges Rheinland«, kennen. Er weckte in der jungen Frau nicht nur den Wunsch, Malerin zu werden, sondern auch die Sehnsucht nach Ferne und Freiheit. Luzie verließ gegen den entschiedenen Widerstand ihrer Eltern 1927 ihre Heimatstadt und begann in Düsseldorf ein Kunststudium unter den Fittichen des verheirateten Ludwigs, der bald auch ihr Gefährte werden sollte, mit dem sie in Lebens- wie Arbeitsgemeinschaft zusammenlebte. Nur zwei Jahre später zeigte Luzie in der neuen Heimat im Rahmen einer Ausstellung ihre ersten Bilder. Sie schloss sich zudem der jungen Künstlervereinigung »Rheinische Sezession« an und schuf in jenen Jahren zahlreiche Gemälde, Aquarelle und Zeichnungen: Landschaften, Stillleben, Porträts von Kindern. Oft wählte sie Motive aus der Heimat. Luzie kehrte immer wieder dahin zurück, um Kraft zu tanken,

Kontakte zu pflegen und die Menschen dort zu malen – genau wie ihr großes Vorbild Paula Modersohn-Becker, die über 30 Jahre zuvor in Worpswede die einfache Dorfbevölkerung gemalt und damit für ordentlich Furore in der deutschen Kunstwelt gesorgt hatte. Doch dann kam Hitler an die Macht, die Kunst vieler Malerinnen und Maler galt bald als entartet, aber sie engagierten sich teilweise im Widerstand. Auch Luzie, deren Werke man heute als spätimpressionistisch bezeichnen könnte, kam ins Visier der Gestapo und wurde wegen Hochverrats angeklagt. Doch sie kam wieder frei. Peter Ludwigs indes, bekennender Antifaschist, wurde gleich mehrmals inhaftiert und verstarb 1943 im Gefängnis. Nach Jahren in Ausland kehrte sie Ende der 1960er-Jahre nach Lohne zurück, wo sie im Oktober 1984 verstarb. Die Stadt Lohne ehrt die Künstlerin Luzie Uptmoor heute mit einer Dauerausstellung in einem Industriemuseum.

Maria von Jever

Jever

Das Fräulein Maria ist aus Jever nicht wegzudenken, auch wenn dieses schon seit über 440 Jahren unter der Erde ruht: Es war die letzte Regentin aus dem Häuptlingsgeschlecht der Wiemken in der Herrschaft Jever, ein Territorium des Heiligen Römischen Reiches, welches sich einst vom Jadebusen bis zum Dollart zog – in weiten Teilen das heutige Ostfriesland.

Maria wurde im Jahr 1500 als Tochter des Häuptlings Edo Wiemken dem Jüngeren und Heilwig, Tochter aus dem Hause von Oldenburg, geboren. Bereits im Jahr darauf verstarb ihre Mutter, zehn Jahre später der Vater, nach weiteren sieben Jahren der ältere Bruder. Jever sollte nun an Ostfriesland fallen, Maria und zwei Schwestern auf Beschluss ihres Onkels, der die Vormundschaft übernahm und fünf Dorfoberhäupter als Regenten einsetzte, abgefunden werden. Doch da hatte die Verwandtschaft die Rechnung ohne die jungen Frauen gemacht: Sie weigerten sich, auf ihr Erbe zu verzichten, und machten sich daran, die Herrschaft gegen die männlichen Machtansprüche zu verteidigen und zu sichern. Sie wehrten windige Eheverträge ebenso ab wie die Abschiebung ins Kloster, gefälschte Lehensbriefe oder räuberische Überfälle auf die Burg Jever. Es gelang Maria, welche die Herrschaft bald allein ausüben musste, schließlich, politische Ausgleiche herzustellen. Um die Herrschaft wirklich halten zu können, bat sie Kaiser Karl V. um Hilfe und trug ihm das väterliche Erbe als Herzog von Brabant und Grafen von Holland zu Lehen auf. Im Jahr 1534 wurden die Ansprüche der Ostfriesen als ungültig erklärt. Doch weitere Angriffe blieben trotzdem nicht aus und die Stadt brannte mehrfach nieder: Bereits 1532 hatte sie in Flammen gestanden, 1540 und 1553 traf es sie erneut. Bereits 1536 war eine

Befestigung mit Wall und Graben erfolgt und Stadtrechte bestimmt worden, die der Sicherung von Jever dienen sollten. Doch die Begehrlichkeiten machten davor nicht halt. Und erst mit dem Tod der Männer konnte endlich Frieden in die Burgmauern einkehren.

In den schweren Jahren hatte Maria vor allem einen Freund an ihrer Seite, der zu ihr hielt, ihr Hilfe und Beistand gewährte: der ostfriesische Adlige Boing von Oldersum. Er gilt bis heute als ihr Verlobter und Geliebter. Heiraten wollte er sie jedoch erst, wenn er seinen angeschlagenen Ruf als Verräter loswürde. Doch dazu kam es nicht mehr: Er fiel, wie auch Marias Feinde, bei Kampfhandlungen. Die hinterbliebenen Frauen beendeten nun rasch die Fehden der Männer. Maria von Jever konnte endlich das Zepter in ihrem Sinne schwingen und behütete fortan »ihr Land wie eine Gluckhenne«, so ein Chronist 1572. Sie erwies sich als kluge, strategische und umsichtige Landesherrin und verstarb mit 75 Jahren.

Maria Aurora von Königsmarck

Agathenburg

»Wer Euch, mein Fräulein, kennt, beschauet und betrachtet, hat wohl ein Meisterstück des Himmels angeblickt, in dem sich die Natur verschwenderisch erwiesen und aller Gaben Zier in eine Brust gesenkt.«

Das sind die wohlwollenden Worte der schwedischen Dichterin Sophie Elisabeth Brenner über ihre schreibende Kollegin, Gräfin Maria Aurora von Königsmarck, welche bereits zu Lebzeiten Verehrung erfuhr. Sie verfasste Operntexte, Liebeslieder, Kantaten und Gedichte, wirkte als Komponistin und beherrschte die gesamte Palette galant-barocker Darstellung – in französischer und deutscher Sprache. Zudem war Maria als Sängerin, Musikerin und Tänzerin gleichermaßen begabt. Voltaire, der sie als »die berühmteste Frau zweier Jahrhunderte« bezeichnete, und ebenso Leibniz waren hingerissen von ihrem Geist und ihrer künstlerischen Gabe, ihrem gewandten Auftreten, ihrer eleganten Erscheinung und charismatischen Ausstrahlung.

Maria Aurora kam aus bestem Hause und hatte ihre Kindheit größtenteils auf Schloss Agathenburg verbracht, die Jugendjahre an verschiedenen Höfen in Deutschland und Schweden. Dort erwarb sie auch ihre umfassende Bildung und vielfältigen Sprachkenntnisse und war somit bestens vernetzt. Zudem bestach sie durch eine ganz besondere Schönheit – was auch dem jungen sächsischen Kurfürsten August Friedrich August I., genannt August der Starke, nicht verborgen blieb: Maria war im Jahr 1694 an seinen Hof geeilt, um Hilfe für die Rettung ihres Bruders zu bekommen. Verstrickt in eine leidenschaftliche Affäre mit der kurhannoverschen Prinzessin Sophie Dorothea aus Celle, die aufgeflogen war, galt er (und gilt bis heute) als verschollen. August war acht Jahre jünger als Maria Aurora, die bei der Ankunft mit ihren 32 Jahren bereits eine gestandene Frau war. Bald avancierte sie zu Augusts »maitresse en titre« – zur ersten Staatsmätresse – und gebar im Oktober 1696 in Goslar den gemeinsamen Sohn Moritz, eines der angeblich 354 Kinder des Regenten, der nicht nur seiner regen Bautätigkeit und Sammelleidenschaft wegen in die Annalen der Geschichte einging, sondern auch seiner viel gerühmten Lendenkraft und ausgeprägten Liebe zu diversen Mätressen. Es sollte daher auch nicht allzu lange dauern, bis er von Maria genug hatte. Sie flüchtete sich in das Stift Quedlinburg, wo sie 1702 zur Pröpstin ernannt wurde. Hier entwickelte sie ein ausgeprägtes Mäzenatentum und kümmerte sich um eine standesgemäße Erziehung für ihren Sohn, der später als Feldherr in französischen Diensten Karriere machte – und als Urgroßvater der berühmten französischen Schriftstellerin George Sand bekannt wurde. Maria Aurora von Königsmarck verstarb im Februar 1728 in Quedlinburg.

Marianne Flügge-Oeri

Clausthal-Zellerfeld

Ihr Name ist kaum noch bekannt, doch die Schweizerin Marianne Flügge-Oeri war eine wichtige Frauenfigur in der Nachkriegszeit des neu gegründeten Landes Niedersachsen: Gebürtig aus Basel, war sie eine große Vorkämpferin für Frauenrechte und Frauenbildung. Geboren 1911, ging sie als junges Mädchen nach dem Abitur für ein Jahr nach England, wo sie als Sozialarbeiterin tätig war. Danach studierte sie Jura in Basel, Zürich und Genf, wo sie überdies promovierte. Nach verschiedenen Gerichtsstationen und einer einjährigen Tätigkeit als Gouvernante in Italien wurde die junge Juristin Mitglied der freien schwedischen Volkshochschule für politische Bildung von Frauen, dem sogenannten Fogelstad Förbundet. Hier erfuhr sie Wertvolles über das »schwedische Modell«, ein Grundlagenkonzept der skandinavischen Staaten in Sachen Bildung, vor allem für Frauen. Es sollte sie für immer prägen. Auch nach ihrer Eheschließung 1939 mit dem Theologen Rufus Flügge und vier gemeinsamen Kindern ließ sie das Thema nicht mehr los. Doch zunächst folgte Marianne Flügge-Oeri ihrem Mann auf verschiedene Pastorenstellen wie etwa nach Tragheim bei Königsberg, wo die den Nationalsozialismus ablehnende Familie versuchte, in Zurückgezogenheit irgendwie den Krieg zu überstehen – aber ausgebombt wurde.

Zurück in der Schweiz, wurde Flügge-Oeri Mitarbeiterin der »Schweizerspende« in Bern, einer Volkssammlung für die Opfer des Zweiten Weltkrieges. Dann zog zunächst Rufus, schließlich auch die Familie nach Clausthal. Hier war Marianne die »Frau vom Pfarrer« und kümmerte sich um die Familie, Gemeinde, Vikare und Studierende. 1954 wurde sie zur Landesbeauftragten des Frauenwerks der hannoverschen Landeskirche gewählt – es war der Moment, in dem sie wieder an ihre Erfahrungen in Schweden anknüpfte. Denn nur zwei Jahre später organisierte sie bereits den ersten von 86 »Staatbürgerlichen Lehrgängen für Frauen« unter dem Motto »Die Frau in der Politik«. Flügge-Oeri zählt zudem zu den Gründungsmitgliedern der »Aktion Sühnezeichen«.

1960 zogen die Flügges nach Celle, wo Rufus zwei Jahre lang die Stelle des Superintendenten innehatte, bevor er in die junge Landeshauptstadt Hannover wechselte. Ende der 1960er-Jahre übernahm Marianne den Vorsitz der »St. Christopher Siedlung« in Großburgwedel, einst als Polensiedlung bekannt gewordene Wohnhäuser für Displaced Persons – Menschen, die kriegsbedingt nicht mehr in ihre Heimat zurückkehren konnten oder wollten.

Marianne Flügge-Oeri starb 1983. Die politisch und sozial rege Schweizerin fand ihre letzte Ruhe auf dem Stadtfriedhof in Hannover-Kirchrode.

Marta Astfalck-Vietz

Nienhagen

So richtig wurde ihr Werk erst in den 1990er-Jahren wiederentdeckt und das auch mehr durch Zufall, als der Leiter der Photographischen Sammlung der Berlinischen Galerie eher zufällig darauf stieß. Was er fand, inspirierte ihn zu einer großen Retrospektive samt Katalog: Fotos über Fotos der Fotografin und Malerin Marta Astfalck-Vietz aus den Jahren 1922 bis 1935. Ihre Spezialität: Akte und Porträts von Berliner Persönlichkeiten, Ballettaufnahmen, aber auch Fotos für den Film »Berlin – Die Sinfonie der Großstadt«, eine UFA-Produktion, die 1927 im Kino-Palast am Bahnhof Zoo für Furore sorgte. Die Dokumentation mit zahlreichen kurzen Schnitten, welche die Lebendigkeit und Hektik der Stadt plastisch machen sollen, beschreibt einen Tag in Berlin und zeigt Einblicke in die Lebens- und Arbeitsverhältnisse zu jener Zeit.

Marta Vietz erblickte im Jahr 1901 in Neudamm bei Berlin das Licht der Welt. Früh wurde das Mädchen vertraut mit Kunst wie mit Künstlern – ihr Vater war Buchdrucker und Verleger in Berlin, bei ihm lernte sie das Kolorieren ebenso wie den Umgang mit kunstaffinen Menschen. Die Prägung im Elternhaus wies Marta 1920 auf die Berliner Kunstakademie, wo sie zunächst das Fach Fotografie belegte. Als frisch ausgebildete Fotografin arbeitete sie in verschiedenen Verlagen. 1928 vermählte sich die Künstlerin, deren Arbeiten heute zur deutschen Avantgarde der

1920er-Jahre zählen, mit dem Architekten und Maler Hellmuth Astfalck. Das Paar hielt zusammen, auch in schwierigen Zeiten, unterstützte NS-Regimegegner und unterrichtete jüdische Kinder, denen der Schulbesuch versagt wurde. Doch 1943 wurden bei einem Luftangriff Wohnung, Atelier und Archiv mit einem großen Teil der Werke zerstört. Längst zählten dazu auch Grafiken, innenarchitektonische Entwürfe sowie Blumen- und Pflanzenaquarelle. Die Künstlerin wandte sich nun eher pädagogisch und politisch relevanten Projekten zu. 1982 bekam sie für ihr Engagement das Bundesverdienstkreuz am Bande verliehen, doch ihre frühen Werke wurden schlichtweg vergessen. 1970 zog das Ehepaar nach Nienhagen im Landkreis Celle, wo heute ein Weg an die Künstlerin, die zeitweise auch für Lennart Graf Bernadotte auf der Bodenseeinsel Mainau tätig war, erinnert.

Fast vollständig erblindet, verstarb Marta Astfalck-Vietz in ihrem 93. Lebensjahr und ist auf dem Celler Stadtfriedhof anonym begraben worden. Ihr künstlerischer Nachlass ist heute in der Sammlung der Berlinischen Galerie sowie weiteren Sammlungen, etwa dem Deutschen Tanzarchiv in Köln, verwahrt. Das Celler Restaurant »Martas« erinnert zudem an die avantgardistische Künstlerin, in der Gaststube sind unter anderem einige Porzellan-Rosen-Bilder von ihr zu finden.

Mary Wigman

Hannover

»Dort, wo das Wissen um die Dinge aufhört, wo nur das Erlebnis Gesetz ist, dort beginnt der Tanz.« Diese eindrücklichen Worte werden Mary Wigman in den Mund gelegt, der Königin des modernen Ausdruckstanzes, die heute als eine der einflussreichsten Wegbereiterinnen und Vertreterinnen des freien Tanzes gilt.

Es waren die Jahre zwischen 1920 und 1935, eine Blütezeit neuer Kunstformen, in denen sie mit ihren damals ungewöhnlichen und einmaligen Darbietungen den Bühnentanz revolutionierte und zugleich Tanzgeschichte schrieb: Mit nackten Füßen, meist allein auf der Bühne, oft ohne Musikbegleitung, manchmal unter Gong- oder Trommelklängen bot sie eine völlig neue tänzerische Ausdrucksform und zeigte dabei rhythmisch-expressive Bewegungen, die vor allem das intellektuelle Publikum von den Sitzen riss – es liebte ihre solistischen Kreationen mit Namen wie beispielsweise Hexentanz, Schwingende Landschaft, Tänze der Nacht oder Helle Schwingen ebenso wie die Gruppentänze, die beinah ekstatische Wirkungen erzeugen konnten.

Geboren wurde »the soul of dance« im November 1886 als Karoline Sofie Marie Wiegmann in Hannover. Bereits als Kind wurde sie Mary gerufen, angeblich als Hommage an die welfische Gesinnung, weil die hannoverschen Fürsten dereinst in Personalunion auch die englischen Könige stellten. Den Familiennamen »verenglischte« sie 1918. Die Familie betrieb ein Nähmaschinen- und Fahrradgeschäft in der Altstadt. Während eines Pensionsaufenthalts im Ausland entdeckte die junge Mary ihre Leidenschaft für Tanzen. Mit dem Erbe ihres Vaters und ohne Zustimmung der Familie ging sie 1911 an eine »Schule für Rhythmische Gymnastik«. 1913 trat sie in die »Schule für Kunst« in der Schweiz ein, wo sie bald ihren eigenen Tanzstil entwickelte.

1914 stand Mary erstmals mit einer eigenen Choreografie auf der Bühne. Wenige Jahre später startete sie ihre erste Deutschlandtournee, es folgten zahlreiche weitere, auch ins Ausland, mit denen ihr schließlich der große Durchbruch gelang. 1920 zog sie nach Dresden, um dort eine eigene Schule zu gründen, die sich beizeiten zu einem Zentrum des modernen Ausdruckstanzes entwickeln sollte – mit Filialen bald auch in anderen Städten wie etwa New York (1931), wo sie frenetisch für ihren »german dance« gefeiert wurde. Zurück in Deutschland waren ihre künstlerischen Auftritte bald gezählt – ihre Tänze wurden zur entarteten Kunst erklärt. Nach Kriegsende eröffnete Mary erneut Schulen und choreografierte Aufführungen an zahlreichen namenhaften Häusern. Mary Wigman, erste deutsche Tänzerin und Choreografin mit Weltgeltung, verstarb, mit zahlreichen Ehrungen überhäuft, im September 1973 in Berlin.

Mathilde Vaerting

Messingen

Sie ging als erste Professorin für Erziehungswissenschaften in die Geschichte ein. Ihr Credo lautete: Begabung ist nicht an ein bestimmtes Geschlecht gebunden – eine Erfahrung, die sie bereits in Kindertagen machte. Die wohlhabenden Eltern, die einen großen Hof betrieben, achteten darauf, dass all ihren Kindern – zwei Söhnen und acht Töchtern – unabhängig vom Geschlecht eine umfassende Schulbildung zuteilwurde. Sie bekamen zunächst Privatunterricht, die Mädchen und so auch Mathilde, das fünfte Kind, waren später zeitweise Schülerinnen an einem klösterlich angebundenen Lyzeum.

Geboren wurde Mathilde Vaerting 1884 im emsländischen Messingen. Nach der Schulzeit legte sie 1903 ihr Lehrerinnenexamen ab, dem eine erste Lehrtätigkeit in Düsseldorf folgte. Doch das war ihr nicht genug. Vier Jahre später machte sie Abitur, studierte anschließend Mathematik, Physik, Chemie und Philosophie und legte schließlich 1910 die Oberlehrerinnenprüfung in Mathematik, Physik und Chemie ab. Ein Jahr später wurde Mathilde promoviert. Als Oberlehrerin unterrichtete sie in Berlin und veröffentlichte zugleich erste Aufsätze und Rezensionen in progressiven Zeitschriften, etwa den Aufsatz »Neubegründung der Psychologie von Mann und Weib«, der auf starkes Interesse stieß und ihr, der nicht habilitierten Pädagogin, letztlich den Weg auf den neu etablierten Lehrstuhl für Erziehungswissenschaften an der Universität Jena ebnete. Sie wurde zur ersten ordentlichen Professorin ernannt und war somit in Deutschland die zweite Frau, die einen Lehrstuhl erhielt. Ihr Kampf für gleichberechtigte Bildung begann jetzt erst richtig, aber bald hatte sie mit starkem Gegenwind zu kämpfen. Vaertings provokante Schriften und ihre These, die »naturwüchsig

unterschiedliche Intelligenz von Männern und Frauen«
würde durch manipulierte Bildungsmacht entstehen und
Zuschreibungen geschlechtsspezifischer Eigenschaften
wären nur Momente der gesellschaftlichen Machtvertei-
lung, wurden – mögen sie auch von einigen fortschrittlich
Denkenden als noch so revolutionär erkannt worden sein –
als unwissenschaftlich dargestellt. Die NS-Zeit setzte Mathilde Vaertings Engagement ein jähes Ende. Sie wurde wie
viele unliebsame Kollegen und Kolleginnen zwangsweise
aus dem Hochschuldienst entlassen und durfte fortan
weder publizieren noch das Land verlassen, weswegen
sie keinem Ruf ins Ausland folgen konnte. Die progres-
sive Wissenschaftlerin, die heute als wichtige Wegbereiterin in der Genderforschung gilt, lebte nun sehr zurückge-
zogen, wurde vergessen, blieb auch nach 1945 unentdeckt,
bot jedoch bis 1971 mit einer politischen Fachzeitschrift
und einem Institut eine gesellschaftskritische Plattform
und verstarb 1977 im Schwarzwald.

Odilie von Ahlden

Mariensee

»D u hast uns hier zusammengerufen, damit dein heiliger Name gepriesen werde«, so schrieb die Äbtissin Odilie von Ahlden einst in ihr Gebetbüchlein. Wahrscheinlich war sie bereits um 1480 als kleines Mädchen im Alter von erst fünf bis sieben Jahren zu den Zisterzienserinnen ins Kloster Mariensee gebracht worden. Im nördlichen hannoverschen Land gelegen, zählt dieses neben Barsinghausen, Marienwerder, Wennigsen und Wülfinghausen heute zu den fünf sogenannten Calenberger Klöstern, die im Mittelalter begründet wurden – es wurde im Dezember 1214 als Stiftung des Grafen Bernhards II. von Wölpe errichtet. Odilie war möglicherweise eine Tochter aus adliger Familie der Umgebung. Im 13. Jahrhundert tauchte das Geschlecht derer von Ahlden in den Schriften erstmals auf, männliche Angehörige wurden als Ritter bezeichnet. Sie versahen auf der Bunkenburg bei Ahlden an der Aller, zu jener Zeit Grundbesitz des Bistums Minden, als Burgmannen ihren Dienst, bevor diese 1431 von den Herzögen von Lüneburg eingenommen wurde und die Familien im Dienste der neuen Herren zur Burg Rethem beordert wurden. Das Geschlecht derer von Ahlden indes erlosch 1762.

Als adlig geborenes Mädchen erhielt Odilie in der ländlichen Abgeschiedenheit eine umfassende Ausbildung, vornehmlich in den »sieben freien Künsten«, also in lateinischer Grammatik, Rhetorik und Dialektik im

Fächerkanon des Triviums sowie im Quadrivium Arithmetik, Geometrie, Astronomie und Musik. Im zuletzt genannten Fach muss sich Odilie besonders hervorgehoben haben, denn sie wurde im Jahr 1500 zur Cantrix, zur Vorsängerin, bestimmt. Zwölf Jahre später wählte der Konvent sie in das Amt der Äbtissin, wiederum weitere zehn Jahre später, am Michaelistag (29.9.) des Jahres 1522, vollendete sie ihr später berühmt gewordenes Gebetbuch, eine reich verzierte, mehrfarbige und mit vergoldeten Initialen versehene Handschrift, die 232 Seiten umfasst. Das Buch beinhaltet eine Sammlung liturgischer Texte für die Zisterzienserinnen in Mariensee und zeigt somit zugleich einen Einblick in den klösterlichen Frauenalltag in der Frühen Neuzeit, als die Reformation bereits am Horizont aufzusteigen begann. Auch nachdem schließlich der neue Glaube Einzug in Mariensee gehalten hatte, wurden mehrere Texte aus Odilies Buch, heute eines der wichtigsten Dokumente des Klosters, für den reformatorischen Gottesdienst modifiziert und weiterhin von den Bewohnerinnen gesprochen und gesungen. Die Handschrift der Odilie von Ahlden, die irgendwann um das Jahr 1530 verstarb, steht somit nicht nur für die Frauenbildung jener Zeit, sondern auch für geistliche Kontinuität im Kloster Mariensee bis zum heutigen Tage.

Paula Modersohn-Becker

Worpswede

Über die Malerin Paula Modersohn-Becker wurden Filme gedreht und reihenweise Bücher geschrieben, doch die wichtigsten Worte stammten von ihr selbst. »Ich weiß, ich werde nicht sehr lange leben. Aber ist das denn traurig? Ist ein Fest schöner, weil es länger ist?«, notierte sie im Sommer 1900 in ihr Tagebuch. Da war sie 24 Jahre alt – und sollte recht behalten. Gut sieben Jahre später brachte sie am 2. November 1907 eine Tochter zur Welt und musste nach der komplizierten Geburt strenge Bettruhe einhalten. Als Paula nach zweieinhalb Wochen, am 20. November, endlich wieder aufstehen durfte, bekam sie eine Embolie, an der sie noch gleichen Tags verstarb. Zu dem Zeitpunkt war sie eine aufstrebende Malerin, deren große Bedeutung jedoch erst posthum erkannt wurde. Sie hinterließ an die 1800 Gemälde, Zeichnungen und Radierungen, berührende und heute weltbekannte Werke, die das »Rauschende, Volle, Erregende der Farbe geben«, welches sie sich für ihr Schaffen ersehnt hatte. Zu Lebzeiten hatte sie nur wenige Bilder verkaufen können. Der Ruhm kam erst später, als Weggefährten nach Paulas Tod damit begannen, Ausstellungen zu organisieren. Bald wurden Sammler auf ihre Werke aufmerksam, so auch der Kaffeehändler und Gründer der Firma Kaffee Hag, Ludwig Roselius, der als Initiator des Paula Modersohn-Becker-Museums in Bremen gilt.

Der Weg zur Kunst war keineswegs einfach für die im

Februar 1876 in Dresden geborene, mütterlicherseits adlige Ingenieurstochter Minna Hermine Paula Becker. Schon früh wurde sie im Elternhaus und bei einem Englandaufenthalt mit Kunst vertraut gemacht, doch als Beruf kam das seitens der Eltern zunächst nicht in Frage. Stattdessen legte sie im September 1895 ihr Lehrerinnenexamen ab. Gleichwohl finanzierte ihr die Familie Malunterricht. Es folgten Kunstkurse in Berlin, bis sie 1897 in die berühmte Künstlerkolonie Worpswede kam, in der sie mit mehreren Unterbrechungen bis zu ihrem Tode lebte. Hier heiratete Paula Pfingsten 1901 den jungen Witwer und Vater einer Tochter, Otto Modersohn, der sie in ihren künstlerischen Ambitionen sehr unterstützte. Doch sie verblieb letztlich die Frau an der Seite eines Künstlers, der sich als Landschaftsmaler bereits einen Namen gemacht hatte. Nach einer schmerzhaften Trennungszeit fünf Jahre später, die mit Versöhnung, einer kurzen gemeinsamen Zeit in Paris und der lang ersehnten Schwangerschaft endete, kehrten sie im März 1907 zusammen nach Worpswede zurück.

»Es brennt in mir ein Verlangen, in Einfachheit groß zu werden«, schrieb Paula Modersohn-Becker, die heute als Wegbereiterin und eine der bedeutendsten Vertreterinnen des Expressionismus gesehen wird. Es ist ihr irgendwie gelungen.

Recha Freier

Norden

»Ich war davon überzeugt, dass die Aufgabe, die ich auf mich genommen hatte, eine Lebensnotwendigkeit war, und dass es von mir abhing, diese Aufgabe zu erfüllen«, erinnerte sich Recha Freier später. Die Aufgabe lautete: Rettung jüdischer Kinder und Jugendliche aus Deutschland. Sie initiierte zusammen mit der Jüdischen Waisenhilfe und dem Berliner Kinderheim Ahawa die Organisation »Kinder- und Jugend-Alijah«, welche am 30. Januar 1933 offiziell gegründet wurde. Noch heute ist die Organisation ein Hilfswerk für sozial bedürftige Kinder und Jugendliche aus aller Welt.

Recha Schweitzer wurde am 29. Oktober 1892 in Norden geboren und stammte aus jüdisch-orthodoxem Elternhaus – ihre Mutter hatte Sprachen unterrichtet, ihr Vater war Lehrer, Vorbeter und Kantor. Früh schon musste sie antisemitische Diskriminierung erleben, was sie nachhaltig prägte. Nach dem Abitur und einer Prüfung als Religionslehrerin studierte Recha Pädagogik, Fremdsprachen und Volkskunde. 1919, nach ihrer Eheschließung mit dem Rabbiner Moritz Freier, zog sie mit ihm nach Sofia. Hier gründete die gebürtige Ostfriesin die Jung-Women's International Zionist Organisation. Fünf Jahre später kehrte das Paar mit drei Söhnen nach Deutschland zurück. Moritz trat in Berlin eine neue Stelle an, Recha versorgte ihre Familie und war als Märchenforscherin, Volkskundlerin und freie Autorin tätig. 1932 wurde sie von einigen jüdischen Jugendlichen bei der Arbeitssuche um Hilfe gebeten – der Beginn für die Gründung der Rettungsorganisation Jugend-Alijah, welche Jugendliche im Alter zwischen 13 und 17 aus Deutschland schickte und diesen in Palästina mithilfe von Adoptiveltern und später Arbeitsstellen in Kibbuzim Perspektiven und eine neue Heimat bot. Recha Freier schuf wichtige Kontakte, sammelte Geld, organisierte Papiere und Passagen – und rettete so Tausende junge jüdische Menschenleben vor dem Holocaust und somit vor dem sicheren Tod. Auch drei Jugendliche aus ihrer Geburtsstadt Norden flohen mit Hilfe der Organisation. 1940 musste Recha selbst das Land verlassen. Moritz und die Söhne waren schon in London, als sie mit ihrer 1929 geborenen Tochter Maayan nach Palästina floh. Dort gründete sie das Agricultural Training Center for Israeli Children, welches verwahrloste Kinder weitervermittelte. 1958 folgte die Gründung eines Fonds zur Förderung mittelloser israelischer Musiker. 1954 wurde die Jugend-Alijah von Albert Einstein für den Friedensnobelpreis vorgeschlagen, das Komitee entschied sich indes für den Hohen Flüchtlingskommissar der Vereinten Nationen. Doch 1981 wurde Recha Freier der höchste Preis des Staates, der Israel-Preis, verliehen. Sie verstarb 1984 mit 91 Jahren in Jerusalem.

Ricarda Huch

Braunschweig

»Um uns Kinder herum ist Paradies und Märchen«, schrieb einst die Dichterin Ricarda Huch, »und darum war mir Braunschweig, wo ich geboren und aufgewachsen bin, eine Märchenstadt.« Doch hier verliebte sie sich auch »unsterblich und auf ewig« in ihren 14 Jahre älteren Vetter Richard Huch – zugleich der Ehemann ihrer Schwester Lilly. Ein Skandal, wegweisend für alle weiteren Lebensstationen. Dieser Liebe wegen musste das junge Mädchen die Heimatstadt verlassen und ging in die Schweiz. Dort machte es sein Abitur und studierte Geschichte. Für damalige Zeiten, Huch war Jahrgang 1864, ein so ungewöhnlicher wie harter Weg, und doch erhielt Huch als eine der ersten deutschen Frauen eine Promotionsurkunde.

Ihre Liebe zu Richard war dadurch nicht erloschen, der Kontakt nie wirklich abgebrochen. Nachdem 1891 ihr erster Gedichtband erschienen war, begann Ricarda Huch Prosatexte zu verfassen. In einem 1983 erschienenen Roman versuchte sie, die Affäre zu verarbeiten – und heiratete schließlich den italienischen Zahnarzt Ermanno Ceconi. Das Paar bekam eine Tochter, doch die Ehe wurde nicht glücklich. 1907, nach seiner Scheidung von Lilly, gab Ricarda Huch ihrem langjährigen Geliebten Richard schließlich ihr Jawort. Doch »als sich dann mein Schwager nach mehr als 20 Jahren Hinhaltezeit zu einer Ehe mit mir entschließt, war eigentlich schon vorprogrammiert, daß die Jugendträume einfach nicht in der Realität bestehen konnten«.

Vier Jahre später wurde auch diese Ehe geschieden.

Dem Prosaerstling waren im Laufe der Zeit zahlreiche Werke gefolgt. Zum 60. Geburtstag 1924, auf dem Höhepunkt ihres Schaffens, gratulierte Huchs Kollege Thomas

Mann mit den Worten: »Denn nicht nur die erste Frau Deutschlands ist es, die man zu feiern hat, es ist wahrscheinlich die erste Europas.«

1926 wurde die Historikerin und überzeugte Pazifistin als erste Frau in die Preußische Akademie der Künste berufen, aus der sie als erstes Mitglied im April 1933 auch wieder austrat. Aus ihrer ablehnenden Haltung machte sie in der NS-Zeit nie einen Hehl. Nach dem Zweiten Weltkrieg verfasste sie noch einige biografische Texte über Menschen im Widerstand, welche allerdings teils erst 1997 veröffentlicht wurden.

Ricarda Octavia Huch, Braunschweigs große Stimme, verstarb am 17. November 1947. Eine Tafel vor dem Haus, welches die Historikerin in der Stadt an der Oker mehrere Jahre bewohnte, erinnert an eine der bedeutendsten deutschen Dichterinnen und Schriftstellerinnen des 20. Jahrhunderts.

Roswitha von Gandersheim

Bad Gandersheim

Sie gilt als erste deutsche Dichterin, ihr Name lautet eigentlich Hrotsvit, was so viel wie die »Ruhmesstarke« bedeutet (die Namensschreibung, wie wir sie heute kennen, ist eine modernisierte Form). Und tatsächlich ist die um das Jahr 935 geborene Roswitha von Gandersheim berühmt geworden: als hochgebildete Kanonissin im Stift Gandersheim, einst eine Gemeinschaft adliger und unverheirateter Töchter, als Mystikerin und Verfasserin von geistlichen Schriften und historischen Dichtungen. Ihre Texte, die sie einst selbst in drei Buchkategorien einteilte, gelten als bedeutsame Dokumente frühmittelalterlicher Schreibkunst. Eine Handschrift, der sogenannte »Codex«, entstand wahrscheinlich um 1100. Darin ist ihr Legendenbuch zu finden, es enthält in leonischen Hexametern verfasste und teils biografisch geprägte Legenden über Feste, Ritter, Märtyrer und Heilige wie etwa die Gottesmutter Maria.

Roswitha, die vermutlich bereits in frühen Jugendjahren dem Kloster beitrat, gilt auch als Verfasserin der ersten postantiken Dramen und fasste diese, ebenfalls im Codex zu finden, als Dramenbuch zusammen. Diese sind als christlicher Gegenentwurf zu antiken Inhalten zu betrachten, Darstellungen über Jungfräulichkeit und Keuschheit haben ein großes Gewicht, zum Beispiel in dem Stück »Dulcitius« über die Märtyrerinnen Agape, Chione und Irene.

Das dritte Buch enthält zwei historische Schriften, zum einen die sogenannte »Gesta Ottonis«, eine Geschichte über das Geschlecht der Ottonen, welche Roswitha vermutlich in den Jahren von 919 bis 965 schrieb, sowie zum anderen die »Primordia coenobii Gandesheimensis«, ein Text zur Geschichte des Stiftes Gandersheim aus den Jahren von 846 bis 919. Weitere Werke aus ihrer Feder gelten derzeit als verschollen oder verloren, etwa über die Schutzpatrone des Stiftes Gandersheim, die Päpste Innozenz I. und Anastasius I. Doch immer wieder stößt die mediävistische Wissenschaft bei ihren Forschungen auf Teile von Roswithas Dichtkunst.

Vermutlich verstarb Roswitha von Gandersheim, möglicherweise aus einer adligen sächsischen Familie stammend, nach dem Jahr 973. Über ihr Leben ist wenig bekannt, doch wird sie heute besonders von der Frauenbewegung als frühe Feministin und Vorbild für Kultur schaffende Frauen gesehen. Zudem fand sie Eingang in die Ruhmeshalle Walhalla, die mit einer Sammlung von Büsten und Gedenktafeln bedeutende deutsche Persönlichkeiten ehrt. In Bad Gandersheim selbst erfährt Hrotsvit bis heute große Ehrung wie etwa durch den Namenszusatz »Roswitha-Stadt«, Statuen oder dem alljährlich vergebenen Roswitha-Ring, eine Auszeichnung für besondere weibliche Darstellkunst.

Sara Ann Delano

Celle

USA-Wind in good old Germany? Nein, es war eher umgekehrt. Sara »Sallie« Ann Delano Roosevelt nahm die deutsche Lebensart viel mehr mit in die Staaten und begründete die vielgepriesene Deutschlandliebe ihres Sohnes, der sich später zum Deutschlandhasser wandeln sollte – sie war die Mutter des US-Präsidenten Franklin Delano Roosevelt. Als junges Mädchen war sie mehrere Jahre lang in Europa auf Bildungsreise unterwegs, so auch in Deutschland und unter anderem in Hannover und Celle. Ein Jahr lang, im Jahrgang 1868/69, war sie in der einstigen Welfenresidenz Schülerin an der Höheren-Töchter-Schule, die heute den klangvollen Namen Kaiserin-Auguste-Viktoria-Gymnasium trägt. Sara schloss bald enge Freundschaften, die auch später noch bestanden, und wohnte mitten in der pittoresken Fachwerkstadt zur Untermiete bei einer Kaufmannsfamilie, die gesellschaftlich zur sogenannten zweiten Gesellschaft zählte und somit »direkt nach dem Adel« rangierte. Doch wie kam es dazu? In gewissen Kreisen Amerikas reiste man seinerzeit in die Schweiz zur Erholung, Paris besuchte man fürs Vergnügen, Dresden wegen der Kunst und den Nachwuchs schickte man gern nach Deutschland, um ihn das Lernen zu lehren. So entschied auch Vater Delano, der ein großes Vermögen mit dem Handel von Seide, Tee und Opium erworben hatte, seine Kinder in deutsche Schulen zu geben. Sara, geboren 1854, lebte zunächst einige Jahre in Newburgh und Hongkong, bevor sie sich mit Teilen der Familie nach Europa aufmachte. Nach einigen bereits absolvierten Stationen traf sie im Mai 1868 in Celle ein. Während Sara und zwei ihrer Geschwister blieben, reiste der Rest bald zurück. Nach der Celler Zeit lebte Sara noch einige Zeit in Hannover, von da ging es schließlich zurück, wo ihr Vater den Nachwuchs im Juli 1870 in seine Arme schloss.

Salliechen, wie das Mädchen in Celle genannt wurde, sollte den Aufenthalt nie vergessen. Die Eindrücke, welche sie aus Europa, Deutschland und einem Jahr Celle mit nach Amerika zurücknahm, reichten von liebevollen Sitten, wie sie sich später gern erinnern sollte, einem deutschen Weihnachtsfest, Rindersuppe und Pfannkuchen zum Mittagessen und Brötchen mit Milch am Abend, Sonntagsspaziergängen zu Kaffeegärten, dem Klavierspiel der Pflegemutter, Theaterbesuchen und Ferienfahrten in den Harz. Immer wieder kam Sara später mit ihrem Sohn zu Besuch zurück. Die große Liebe zu diesem Land kam ihnen beiden erst später auf den Schauplätzen der beiden Weltkriege abhanden, wozu im Wesentlichen der deutsche Kaiser und Hitler beitrugen. Doch noch als Urgroßmutter erinnerte sich Sara gern an jene unbeschwerten Zeiten und betonte stets, dass sie das »alte« Deutschland innig geliebt habe.

Sophie Dorothea von Braunschweig-Lüneburg

Ahlden

» Ich habe zu lieben gewagt, so ich nur hätte verehren dürfen. Also liebe ich mein Verderben und hege ein Feuer in meiner Brust, woran zuletzt ich sterben muß! Mein Untergang ist mir gar wohl bewusst!«, so steht es geschrieben in einem Brief, den der schwedische Oberst Philipp Christoph Graf Königsmarck einst an die kreuzunglücklich verheiratete Kurprinzessin von Hannover, Sophie Dorothea, schrieb. Er sollte recht behalten. Die verbotene Liaison flog auf, und um der Staatsräson Genüge zu tun, wurde der Graf hinterhältig im hannoverschen Leineschloss ermordet – offiziell gilt er bis heute als verschollen, seine Leiche wurde nie gefunden.

Sophie Dorothea indes, 1682 16-jährig aus dynastischen Gründen mit ihrem Cousin Georg Ludwig von Hannover verheiratet, wurde wegen böswilligen Verlassens ihres Ehemannes allein schuldhaft geschieden und für den Rest ihres Lebens verbannt. In einer Wasserburg, später als Schloss Ahlden bekannt und inmitten der niedersächsischen Provinz nahe der Aller gelegen, fristete die Prinzessin, einziges Kind des Celler Herzogpaares Georg Wilhelm und seiner Gemahlin Éléonore d'Olbreuse, fortan ein sehr einsames und rund um die Uhr bewachtes Leben – bis zu ihrem Ende über 32 Jahre später im Jahre 1726. Sie durfte sich nur im Umkreis von zwei Kilometern bewegen, ihre

Post wurde streng kontrolliert, und Besuch wie etwa von ihrer Mutter war nur sehr eingeschränkt erlaubt. Ihre beiden Kinder Georg August und Sophie Dorothea die Jüngere, welche zu dem Zeitpunkt der Verbannung erst sieben und elf Jahre alt waren, sah sie nie wieder. Sophie Dorothea ging, während ihr geschiedener Mann zum englischen König Georg I. avancierte und somit europäische Geschichte schrieb, hierzulande als die »unglückliche Prinzessin von Ahlden« in die Annalen der Welfen ein.

In Ahlden zeigte sich Sophie Dorothea als großzügige Sponsorin. Vor allem soll die Kirche von ihr stetig bedacht worden sein, beispielsweise mit einem Goldkelch, der noch immer beim Abendmahl benutzt wird, einem Weinkrug, einer Hostiendose mit Gravur oder einigen Kerzenleuchtern. Die sogenannte Prinzessinnenglocke ist ebenfalls auf sie zurückzuführen. Nach einem verheerenden Brand im Jahr 1715 steuerte sie zudem erhebliche Geldsummen zum Wiederaufbau des Ortes bei. Noch immer erinnert der kleine Ort an die berühmte Bewohnerin und deren Namen. Ihre letzte Ruhe fand die geschiedene hannoversche Kurprinzessin Sophie Dorothea, die in England als »uncrowned Queen« in die Geschichte einging, in der Fürstengruft der Celler Stadtkirche Sankt Marien.

Sophie Lissitzky-Küppers

Hannover

Ihre Liebe fing 1922 in Hannover an und endete fast 20 Jahre später im über 2.000 Kilometer entfernten Moskau. Sophie Küppers, Kunsthistorikerin, Kunstsammlerin, Mutter zweier Söhne und Witwe, und El Lissitzky, Maler und Architekt, verband eine gemeinsame Leidenschaft – die sowjetische Avantgarde.

Fünf Jahre später, nach der erfolgten Hochzeit, folgte die 1891 in Kiel geborene Tochter eines Schiffsarztes der Marine ihrem ein Jahr älteren russischen Mann in seine Heimat, wo sie bald in den Künstlerkreisen der Stadt ein- und ausging. Doch der Karriere des an Tuberkulose erkrankten Lissitzky, der seit Studienzeiten beruflich zwischen Deutschland und Russland unterwegs war, bereitete der Stalinismus ein herbes Ende. 1930 kam der gemeinsame Sohn Jen zur Welt, nur ein Jahr später musste die Familie aufs Land ziehen. Sophie holte ihr Söhne Kurt und Hans aus der Ehe mit dem hannoverschen Kunsthistoriker Paul Erich Küppers zu sich. Doch die Familie geriet bald zwischen die politischen Fronten beider Länder: Im nationalsozialistischen Deutschland waren Lissitzky und ob der jüdischen Väter auch alle Söhne Sophies in Gefahr, im stalinistischen Russland musste sie als Ausländerin staatliche Repressionen erdulden wie etwa ein Reiseverbot über sieben Kilometer hinweg. Es wurden harte und karge Jahre. 1944, drei Jahre nach dem Tod ihres Mannes, wurde Sophie zusammen mit ihrem Sohn Jen als »feindliche Ausländerin« nach Nowosibirsk in Sibirien verbannt, wo sie unter anderem als Handarbeitslehrerin den nötigen Unterhalt bestritt. Kurt überlebte in Deutschland, Hans starb 1942 im russischen Arbeitslager. Die Verbannung wurde erst zwölf Jahre später aufgehoben. 1958 reiste sie nach Deutschland, um sich nach Teilen ihrer Kunstsammlung zu erkundigen, die sie nach ihrer Hochzeit als Leihgabe an das Provinzialmuseum in Hannover abgegeben hatte. Sophie wurde mitgeteilt, dass über deren Verbleib nichts bekannt sei – mehrere Werke aus ihrer Sammlung waren 1937 als entartete Kunst von den Nationalsozialisten beschlagnahmt worden, darunter Bilder ihres verstorbenen Mannes, von Paul Klee, Wassily Kandinsky, Piet Mondrian und Kurt Schwitters. Zurück in Russland, kümmerte sich die 67-Jährige fortan um den künstlerischen Nachlass von El Lissitzky, arbeitete an einer Monografie und einem Werkverzeichnis. Um ihre Ausreise vorzubereiten und sich dafür mit den nötigen finanziellen Mitteln auszustatten, übergab sie Mitte der 1970er-Jahre Bilder an eine deutsche Kunsthändlerin, doch es sollte nie zur Ausreise kommen – alle ihre Anträge wurden abgelehnt.

1978 verstarb Sophie an einer Lungenentzündung. Der Nachlass des Ehepaares Lissitzky-Küppers wird seit 2013 im Sprengel Museum in Hannover verwahrt.

Sophie Löwe

Oldenburg

SOPHIA LÖWE.

Sie sang vortrefflich, gefiel allen Deutschen und machte Fiasko bei den Franzosen«, so der Dichter Heinrich Heine über das Operndebüt einer jungen, talentierten Sängerin. In der Stimme der Mademoiselle Löwe, so schrieb er, sei deutsche Seele, ein stilles Ding, das sich bis jetzt nur wenigen Franzosen offenbart habe. Dass es etwas länger dauerte, bis sie auch diese von ihrer Stimme überzeugen konnte, sollte ihrer Karriere keinerlei Abbruch tun: Die gebürtige Oldenburgerin Johanna Sophie Christiane Löwe gilt heute als berühmteste deutsche Sopranistin der ersten Hälfte des 19. Jahrhunderts.

Im März 1815 erblickte sie als Spross der Schauspielerfamilie Löwe das Licht der Welt und verbrachte ihre Kindheit schließlich in Mannheim, wo ihr Vater am großherzoglichen Hoftheater engagiert war. Früh wurde durch eine Tante ihre besondere Singstimme erkannt. Diese nahm das Mädchen mit nach Wien, wo es unter anderem von dem berühmten italienischen Tenor und Gesangslehrer Giuseppe Ciccimarra unterrichtet wurde. Bereits mit 17 Jahren trat sie am Kärntnertor-Theater in Wien auf, bald darauf gab Sophie ihr Operndebüt in der romantischen Oper »Acht Monate in zwei Stunden oder Die Vertriebenen in Sibirien« von Gaetano Donizetti. Ihr Ruf als ausgezeichnete Koloratursängerin war unaufhaltsam, ihre Triller galten schnell als legendär. Nach einer Gastspielreise durch Norddeutschland folgten Auftritte in Berlin, wo sie zeitweise als erste Sängerin in der königlichen Hofoper tätig war. Auch Verdi war von ihrem Können beeindruckt und schrieb für sie Rollen wie etwa die der Odabella in seiner Oper »Attila«.

Sophie Löwe trat auf den großen Bühnen Europas auf, so etwa auch in London, Paris und an der Mailänder Scala.

In Italien lernte die Sopranistin Friedrich Adalbert Prinz von und zu Liechtenstein kennen, dem sie am 15. September 1848 ihr Jawort gab. Sie gab ihre Sangeskarriere auf und lebte fortan in Pest, dem späteren Budapest, wo Friedrich als Feldmarschallleutnant stationiert war. Die Ehe blieb kinderlos. Die große Sängerin verstarb im November 1866 mit erst 51 Jahren. Sophie Löwe ist kaum mehr bekannt, aber der deutsche Lyriker Ferdinand Freiligrath setzte ihr ein literarisches Denkmal, das an sie erinnert. In seinem Gedicht »Danke schönstens«, in dem er die Besuche bei der Verwandtschaft auf dem Land kritisiert, wo er doch lieber in der Stadt ist, findet sie Erwähnung, wenn er schreibt: »Lohnt sich denn die Diligence, lohnt es tagelange Reise, um zu legen Patience abends im Familienkreise? Um des Amtmanns Wort zu lauschen, von dem Preis des Korns, der Rinder? Um der Löwe Lied zu tauschen mit dem Quarren deiner Kinder ...«

Sophie von der Pfalz-Simmern

Hannover

Sie ging als getauschte Braut in die Annalen der Welfengeschichte ein und sollte als Sophie von Hannover ihre Rivalin bis zum letzten Atemzug verschmähen. Das war die eine Seite der als Sophie von der Pfalz-Simmern geborenen Kurfürstin. Die andere: klug, gebildet, belesen, eifrige Tagebuch- und Briefschreiberin, enge Freundin des Philosophen Gottfried Wilhelm Leibniz, beinah englische Königin und Stammmutter der heutigen Windsors.

Es war das bewegte und lange Leben einer Frau, die am 14. Oktober 1630 im holländischen Exil, in Den Haag, als Prinzessin Sophie und zwölftes Kind des Kurfürsten Friedrich V. von der Pfalz, des böhmischen »Winterkönigs«, und seiner Gemahlin Elisabeth Stuart geboren wurde. Nachdem bereits das erste Eheprojekt gescheitert war, zog die Prinzessin 1650 nach Heidelberg, weswegen sie heute den Beinamen Pfalz-Simmern trägt. Dem Welfenspross Georg Wilhelm wiederum wurde von seinen Landständen nahegelegt, sich endlich eine Braut zu suchen. Seine Wahl fiel auf die burschikose Sophie, die bereits 28 Jahre alt war. Doch dann traf dieser eine Landadlige namens Éléonore d'Olbreuse, in die er sich unsterblich verliebte. Generös trat er die Verlobte an seinen Bruder Ernst August ab und führte stattdessen Éléonore als Gemahlin nach Hause, wenn auch zunächst nicht rechtlich anerkannt. Wider Erwarten wurde die Ehe mit Ernst August, der später die Kurwürde erlangen würde, harmonisch und Sophie gebar ihm sieben Kinder, sechs Söhne, eine Tochter. Leidenschaftlich machte sie sich schließlich auch an die Ausgestaltung des Großen Gartens in Hannover-Herrenhausen im Stil niederländischer Barockanlagen, dessen Größe sie vervierfachen ließ. Für sie war es mehr als nur ein Garten: Hier verbrachte sie viele Stunden mit ihrem engen Vertrauten Leibniz, mit dem sie einen intensiven gedanklichen Austausch pflegte.

Als 1701 in England der Act of Settlement (protestantische Thronfolge) erlassen wurde, stand Sophie unerwartet im Mittelpunkt großen politischen Geschehens: Sie war nach der Thronfolgerin Anne Stuart noch die einzig lebende protestantische Nachfahrin der Könige von England und Schottland. Doch sie verstarb einige Wochen vor Anna, 83-jährig im Juni 1714. Somit bestieg Sophies Erstgeborener Georg Ludwig als Georg I. den britischen Thron. Dieser war mit Sophie Dorothea verheiratet – Tochter von ihrer Erzrivalin Éléonore, welche sie zeitlebens nur als *»diese Person«, »das Fräulein von Poitou«* oder schlicht *»Mausdreck im Pfeffer«* betitelte. Letztlich war die hannoversche First Lady Sophie trotz aller Titel, Werke und Geistesgröße eben doch eine tief verletzte, verschmähte Braut geblieben.

Sue Ryder

Großburgwedel

Nicht alle ausländischen Zivilpersonen, die sich während des Zweiten Weltkrieges – zumeist unfreiwillig – in Deutschland aufhielten, konnten nach Kriegsende in ihre Heimat zurückkehren. Bei vielen war eine Repatriierung ohne Gefährdung ihres Lebens nicht oder nicht mehr möglich. Man schätzt heute, dass etwa 1,2 Millionen sogenannte Displaced Persons (DP), Zwangsarbeitende, Verschleppte, Kriegsgefangene, KZ-Häftlinge und Flüchtlinge, teils bis Ende der 1950er-Jahre, im Land verblieben, manche auch für immer. Sie hatten oftmals bis auf ihr Leben alles verloren, waren von den Strapazen der Haft und den damit verbundenen Einsätzen schwer gekennzeichnet, waren krank, hungrig und von Gewalt und schweren Verlusten traumatisiert. Auch wenn ihnen Betreuung und Verpflegung sicher waren, lebten sie teils jahrelang unter schwierigsten und oft äußerst menschenunwürdigen Bedingungen in lagerartigen Unterkünften.

Als die Engländerin Margaret Susan »Sue« Ryder (Jahrgang 1924), Spross einer wohlhabenden Großfamilie – und bereits früh von der sozial engagierten und tief religiösen Mutter geprägt – vom Leid dieser Menschen erfuhr, entschloss sie sich, eine Stiftung zu gründen, die unter anderem auch in Großburgwedel bei Hannover tätig wurde. 1957 kaufte sie im Ort die »Villa Jeep«, ein ehemaliges Sanatorium. Sie schuf darin zahlreiche Wohnmöglichkeiten für DPs. Mithilfe englischen Geldes, der Unterstützung der United Nations Association UK sowie zahlreichen Freiwilligen, vor allem Studenten und Schülern aus verschiedenen Nationen, entstanden auf dem Areal im Laufe der Jahre acht weitere Häuser, um Wohnstätten für entwurzelte Menschen zu schaffen, vor allem mit polnischer Nationalität. Die Siedlung erhielt von Sue Ryder den Namen St. Christopher Settlement. Im Ort indes wurde diese lange Zeit nur prosaisch und sehr abwertend als »Polackensiedlung« bezeichnet.

Für ihre zahlreichen karitativen Einsätze wurde die Engländerin 1957 mit dem Offizierskreuz des »Order of the British Empire« ausgezeichnet. Zwei Jahre darauf heiratete sie den hochdekorierten RAF-Piloten Leonard Cheshire. Das zum katholischen Glauben konvertierte Paar hatte zwei Kinder, agierte bald gemeinsam – und weltweit. Von Königin Elisabeth II. wurde Sue Ryder 1979 aufgrund ihrer Verdienste in den Adelstand erhoben, sie nahm den Titel Baroness Ryder of Warsaw an. Zudem erhielt sie einen Sitz im britischen Oberhaus. Es folgten viele weitere Ehrungen für die engagierte Philanthropin, die im November 2000 verstarb. Noch heute sind unzählige, einst von ihr geschaffene Einrichtungen gerade im Vereinigten Königreich noch existent und zeugen von der Nachhaltigkeit ihres großen Schaffens.

Sibylle von Schieszl

Wolfsburg

Autos sind Männersache. Sollte man denken. Im Zusammenhang mit dem Namen Sibylle von Schieszl kann man sich dieses Klischees getrost entledigen: Sie machte sich in der Automobilbranche der 1970er-Jahre einen großen Namen – und gab jahrzehntelang bei Volkswagen im Bereich Qualitätskontrolle den Ton an. »Fürsorgeempfängerin, Leiterin eines amerikanischen Laboratoriums, Arbeitsaufnahme bei der Volkswagen AG und schließlich ranghöchste Frau im Konzern«, so beschrieb die kompetente Ingenieurin selbst ihren Werdegang ein wenig reduziert.

Sibylle von Schieszl wurde 1918 als Tochter von Walther Schieck, letzter vor 1945 und somit noch demokratisch gewählter sächsischer Ministerpräsident der Weimarer Republik, und seiner Frau Martha in Dresden geboren. Das Milieu in ihrem Zuhause war liberal, man diskutierte offen und frei. Der Vater setzte sich 1933 für den jüdischen Dirigenten der Oper ein, was seine Absetzung zur Folge hatte. 1940 nahm sie ein Studium an der TH Dresden auf und trat dem NSD-Studentenbund bei. Nach drei Jahren Studium arbeitete sie anschließend als wissenschaftliche Oberassistentin am Physikalischen Institut. Ihre Diplomarbeit, die sie durch sämtliche Luftangriffe auf Dresden rettete, trug den Titel »Über den Kerr-Effekt an Gasen und Dämpfen bis zu 6 at Druck«; eine Arbeit über die optischen Eigenschaften eines Materials bei Anlegen eines elektrischen Feldes.

1944 heiratete Sibylle ihren Kommilitonen Karl Theodor Schieszl von Buda, im Jahr darauf wurde die gemeinsame Tochter geboren. Karl blieb bis 1949 in Kriegsgefangenschaft, doch trotz der Umstände und somit der Belastung als alleinerziehende Mutter wurde Sibylle 1948 promoviert mit einer Arbeit zu »Versuche[n] zur Klärung der Gültigkeitsgrenzen der Hydrodynamik in dünnen Schmierölschichten«. Um einer drohenden Verhaftung in der DDR zu entgehen, flüchtete sie 1952 mit ihrer Familie nach West-Berlin und zog von da aus weiter nach Mannheim. Dort arbeitete sie einige Jahre im Zentrallabor der US Army Procurement Group, bevor sie 1956 ihre Laufbahn bei Volkswagen in Wolfsburg begann. Dort leitete Sibylle von Schieszl zunächst das Labor für Anorganische Chemie und baute die Abteilung für zentrale Schadensermittlung auf. 1972 avancierte sie zur Hauptabteilungsleiterin Qualitätsförderung und war damit die erste Frau in leitender Funktion im Volkswagen-Konzern. Sie engagierte sich bis zu ihrer Pension 1979 für aktive Qualitätspolitik und machte sich damit in der gesamten Automobilbranche einen bedeutsamen Namen.

1990 verzog Sibylle von Schieszl zu ihrer Tochter nach Schweden, wo sie 2010 verstarb.

Vicki Baum

Hannover

Über ihre Zeit in Hannover schrieb die Schriftstellerin Vicki Baum einst: »Es waren gute Jahre, trotz der täglichen, ja stündlichen Geldentwertung und der Wiederkehr von Hunger und Kälte in verstärkter Form.« Als sie 1919 in der Stadt ankam, ihrerzeit das unumstrittene Zentrum der künstlerischen Avantgarde in Deutschland, war Vicki (eigentlich Hedwig) Baum 31 Jahre alt und in zweiter Ehe mit dem Wiener Dirigenten Richard Lert (eigentlich Levi) verheiratet, der hier eine Stelle als erster Kapellmeister antrat. Zudem war sie Mutter eines Sohnes – und entschlossen, Karriere als Schriftstellerin zu machen. Es gelang ihr. Sie erhielt bald darauf gleich vier Buchverträge bei Ullstein. Die ausgebildete Harfenistin, die bis dahin als Musikerin reüssierte, sollte bald zu den erfolgreichsten Schriftstellerinnen der Weimarer Republik avancieren. Sie gab dafür ihre Musikkarriere auf. Tagsüber war sie Hausfrau und Mutter, doch abends, wenn ihr Mann seiner Arbeit in der Oper nachging, schrieb sie ihre Texte nieder und setzte damit fort, was sie bereits während ihrer ersten kurzen Ehe entdeckt hatte: ihre Leidenschaft fürs Schreiben, eine Tätigkeit, in der sie auch eine gute Verdienstmöglichkeit sah. Der Roman »Eingang zur Bühne« erschien 1920 und wurde sogleich ein großer Erfolg. Es folgte nun beinah Jahr für Jahr ein weiterer Band aus ihrer Feder – die Tochter aus gutbürgerlichem, jüdisch-österreichischem Hause schrieb einen Bestseller nach dem anderen, auch wenn, wie sie einst notierte, der größte Teil ihrer Zeit mit der Jagd auf Lebensmittel verging, zumal sich die Familie 1921 um einen weiteren Sohn vergrößert hatte. 1924 verließ die Familie Hannover und zog zunächst nach Mannheim, zwei Jahre später nach Berlin, wo Vicki Baum auch als Redakteurin für Ullstein, den mittlerweile größten Verlag Europas, tätig wurde und etwa für die »Berliner Illustrirte Zeitung« schrieb. Mit den 1928 und 1929 veröffentlichen Romanen »Stud. chem. Helene Willfüer« und »Menschen im Hotel« gelang ihr der internationale Durchbruch, ihre Texte wurden zudem als Theaterstücke aufgeführt und mit Hollywoodgrößen wie Greta Garbo und Joan Crawford verfilmt. Doch bald darauf wurde die erfolgreiche Schriftstellerin von den Nationalsozialisten als jüdische »Asphaltliteratin« beschimpft, 1933 ihre Bücher verbrannt. Da lebte sie bereits in Kalifornien. 1938 erwarb Vicki Baum die amerikanische Staatsangehörigkeit. Elf Jahre später kam sie nach Europa zurück und bereiste zahlreiche Länder; Deutschland und Österreich indes ließ sie dabei aus.

Vicki Baum, die als Vertreterin der literarischen Gattung Neue Sachlichkeit gilt, verstarb 1960 in Los Angeles.

Wilhelmine Siefkes

Leer

ie gilt als bekannteste Autorin Ostfrieslands und schrieb sich in niederdeutscher Sprache in die Herzen der Menschen ihrer Heimat: Wilhelmine Siefkes. Sie war zudem als Übersetzerin tätig und transkribierte Werke aus dem Niederländischen ins Westfriesische. Der vom Verein »Oostfreeske Taal« vergebene Keerlke-Preis ist nach einer ihrer Romanfiguren benannt und wird für Verdienste um die plattdeutsche Sprache an Menschen oder Institutionen verliehen, die sich für Erhalt und Förderung der ostfriesischen Regionalsprache einsetzen.

Geboren im August 1890 in Leer, wuchs Wilhelmine Siefkes auf dem elterlichen Hof auf. Eher ungewöhnlich für die damalige Zeit durfte das junge Mädchen aus bäuerlichem Milieu das Lyceum in Leer besuchen, was den Wunsch, Lehrerin zu werden, in ihm erweckte. Mit 20 Jahren trat Wilhelmine ihre erste Stelle an – in Jemgum, einem kleinen Ort zwischen Leer und Dollart gelegen. Bereits damals fand sie zum Schreiben und verfasste kleine Geschichten, etwa über Hinni Stahlboom, ihre spätere Romanfigur Keerlke. Nach einigen Jahren kehrte die junge Pädagogin zurück nach Leer, wo sie bald die Not der Schulkinder aus ärmeren Familien direkt vor Augen hatte. Wilhelmine entdeckte ihre politische Ader, wandte sich den neuen Ideen der Sozialdemokraten zu und wurde bereits 1928 ins Leeraner Stadtparlament gewählt. Sie wurde zudem Mitglied in der Arbeiterwohlfahrt, schrieb Artikel für den Leeraner Volksboten und wurde in der Heimatbewegung aktiv. Die Nationalsozialisten entließen sie schließlich aus dem Schuldienst und belegten sie mit Schreibverbot, weil sie sich weigerte, eine »Ergebenheitserklärung« an Hitler zu unterzeichnen. Unter dem Pseudonym Wilmke Anners machte sie trotzdem weiter. Aus politischen Gründen verließ sie jedoch bald die evangelische Kirche und trat den Mennoniten bei.

Im Jahr 1940 reichte Wilhelmine Siefkes anonym das »Keerlke. En Gang dör en Kinnerland«-Manuskript ein und wurde für die sozialkritischen Schilderungen um den fünfjährigen, schwächlichen Jungen, der in seiner Familie mit Gewalt und Alkoholabhängigkeit des Vaters konfrontiert wird, mit dem begehrten Fehrs-Preis ausgezeichnet. Nach Kriegsende veröffentlichte sie weitere Romane, Aufsätze und Gedichte. Ab 1964 gehörte Siefkes, neben zahlreichen weiteren Mitgliedschaften, auch dem Verband deutscher Schriftsteller an.

Für ihr Engagement wurde die Ostfriesin mehrfach geehrt, unter anderem mit dem Bundesverdienstkreuz und der Ehrenbürgerschaft der Stadt Leer. Die »Grande Dame der plattdeutschen Literatur« verstarb am 28. August 1984 in ihrer Geburtsstadt Leer. Keerlke, der arme kleine Junge, ist heute als Skulptur im Innenhof des Rathauses von Leer zu entdecken.

Bildnachweis